たぶん、光秀はやってないのだ放浪記

大切《だいぎ》り本能寺の変へ続く道

本能寺姉弟
HONNŌ-JI BROTHERS

Parade Books

【大切《だいぎ》り】
木挽《こびき》き用の大形の横挽鋸《のこぎり》。両側に柄をつけ、二人で交互に引く（『大辞泉』）。

【本能寺の変】
一五八二年、明智光秀が主君織田信長を京都の本能寺に襲って殺した事件（『日本史B用語集』）。

私たち、本能寺姉弟《きょうだい》！

こんにちはー！占い師の じぇふ です。部屋着ですみませーん！

いつも姉がお世話になってます。

こっちは弟のシューちゃん！技術者なんだよね。

実はですね、私たち、実は！「本能寺の変」が大好きなんです!!

お姉さん……

本能寺の変が大好きな、仲良し姉弟!!

お姉さん！

……なに何!?仲良しやろ？

うん、いや、本能寺の変が好きだと言われると…、それは変かもしれない。

変？

うん、変な部類。

えっ、じゃあ何て言えばいいの？

——興味が、あります……。

——いや～「好き」やろ？

「明智光秀が好き」とかならわかる。けど、本能寺の変が、となると事件大好き姉弟ってことになる。

う、それはいかん…

▶つづく……。

目次

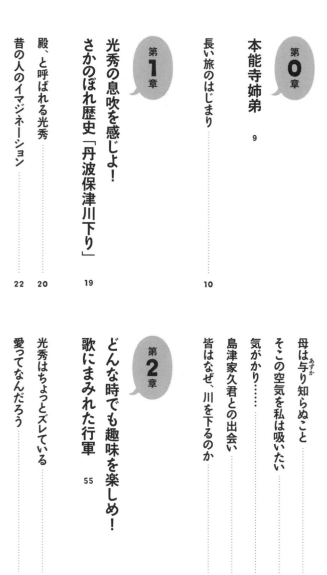

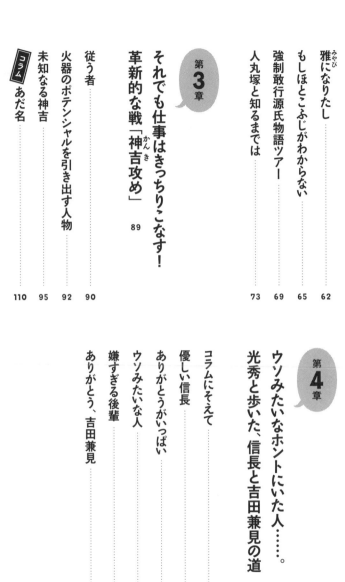

第0章

本能寺姉弟

全ては深夜の、思いつきから始まった。

長い旅のはじまり

草木も眠る丑三つ時。弟の部屋を開け放った。
私は今、猛烈に、本能寺の変について語りたい。

あれは明智光秀がやったのではないのかもしれない！

そのような閃《ひらめ》きが突如としてあったのだ。

「……ふうん……」

弟は仰向けになった自身の身体に、正しく長方形にかぶせた掛け布団ごしに生返事をした。
どうやら起きているようだ。もしかすると、私が無遠慮に開け放った扉の音で目を覚ましたのかもしれなかったが、私にとってそれはどちらでもいいことだった。

弟の部屋に乗り込んで、今日の出来事や考えたことを話して聞かせるのは、私の習慣となっている。時間は気にしない。今思いついたことを、誰かに、いや、弟に聞いてもらうことが大切なのだ。人は弟をかわいそうだと気の毒がるが、これは彼が生まれた時からそうしてきたことなので、ひょっとしたら弟は、姉の話を聞くという宿命を背負って生まれてきたのかもしれない。

かくして、弟は巧みに私の話を聞く青年となった。ゆえに私はたびたび自分の話に自分で興奮のあまり話が止まらなくなり、弟の睡眠時間を削ったが、私が楽しいなら血を分けた姉弟である弟も楽しいに違いない。そう、信じている。

「光秀がやったにしては、なにか……何かがおかしいんだよ！」

とにもかくにも、今夜の議題は「本能寺の変」であった。

それも、光秀が本能寺の変を起こしていないという可能性について論じたいのである。

「『瀬田大橋』が焼けたって話を聞いてピンときたんだ。これはおかしい！」

「……そうなの？……」

「うん。閃きってそういうもんでしょ。でもなにがどうおかしいのかは説明できない。ははっ、この橋のこと、よく知らないしね～！」

「……」

素人同士の実に不毛な会話だが、話を聞いてもらえるのが嬉しい。テンションが上がった私は弟の部屋を飛び出した。

「ちょっ……お姉さん⁉　ドア閉めて……！」

「大丈夫大丈夫〜」

弟の声を聞き流しながら、いくつかの本と、ペンとメモ帳をガガッと抱えドドッと舞い戻る。

まず手始めに、ここにある本をまとめて相関図を作成するぞ！　言いながら床に荷物を広げ、作業を開始した。

「はぁ……、それ、今からするの？　もう寝たいんですけど」

弟が布団の中からつぶやいた。

「どうぞ。私は相関図を作成するから」

「自分の部屋でしてくれないかなぁ……」

作業を始めてわかった。本に書かれている情報を正確に理解するということは、慎重を要する作業であると。自分の理解と本の内容とに齟齬《そご》があってはならない。

結局、手元の本の内容を図に起こし終えるまで弟は起きていた。

情報を正しく理解できているかどうか、ここはどう思う？　あそこはこの解釈でいい？　などと、絶えず話しかけていたからかもしれない。しかし、起きているのか。そうか。

じゃあ、できあがった図を見てもらおうか！

うう、と呻《うめ》きながら、弟はしばらくもぞもぞ動いて布団の中から右腕だけを伸ばし、差し出された相関図を受け取った。

「ねねねね、どうだろうか？」

「……どうと言われましても……」

「光秀がやってないことを証明したいんだけど、なにか足がかりってないかな？」

「……うーん」

あぁそういえば、手元にある本にはいくつかの共通項があった。

そもそもこんなことになったのは、光秀が悪い奴だったからではなく、むしろ彼は結構良い人で、織田信長の方に問題があった。だから本能寺の変は致し方なく起こったのだ、ということ。——それと、それでも結局どんなに良い人ぶったところで信長を殺したのは光秀だ、ということである。

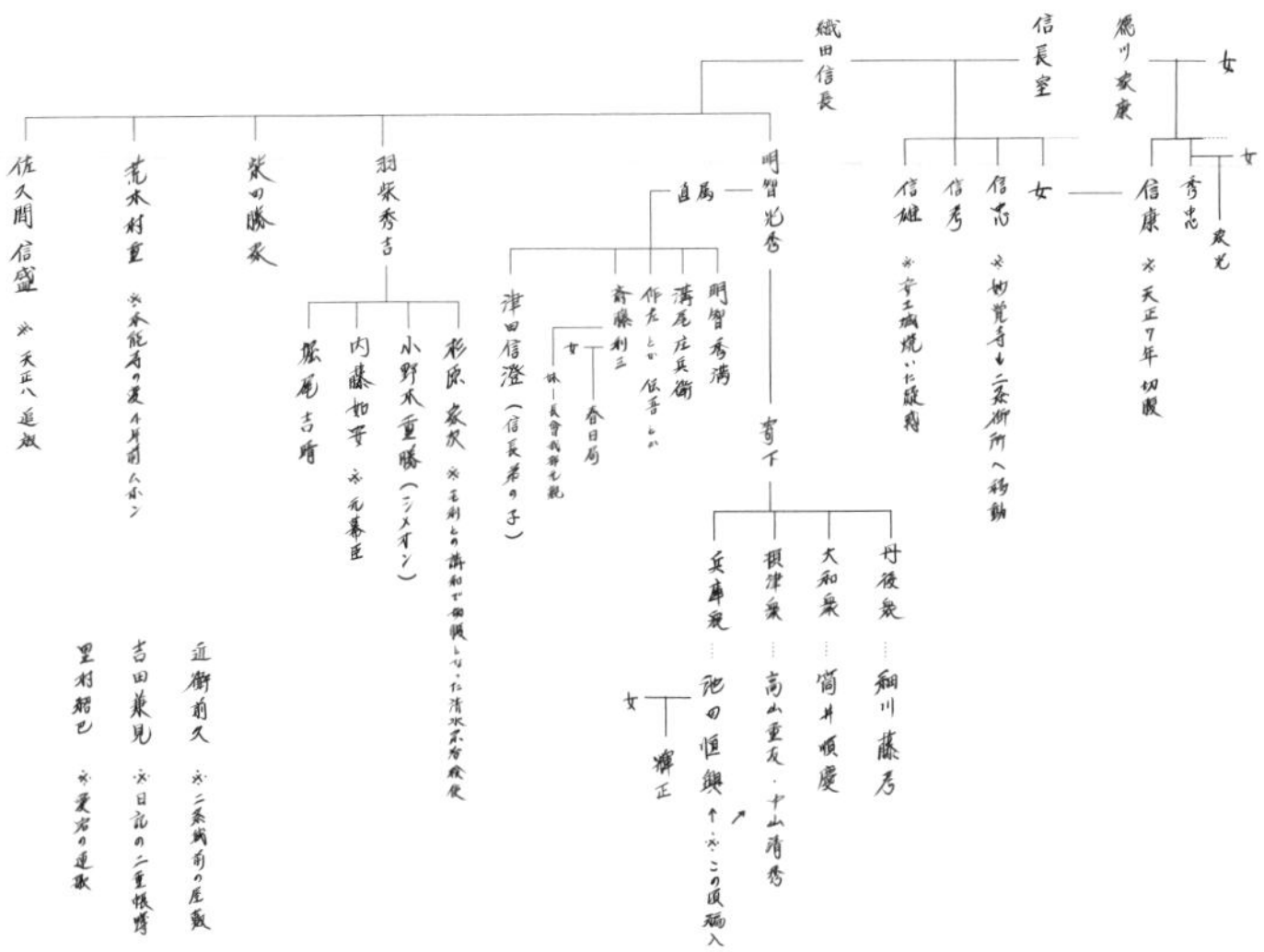

※初めの一歩人物相関図。

そこのところがどうにもなぁ〜……しばし、考える。

あれ？　なんだこれ。

なんか……考えるのが楽しいな。


「ねぇ、どうにか頑張ってさ、この問題解けないかな？」


バカなことを言っていた。

何事にも、その道のプロフェッショナルがいる。私たち素人の姉弟がどうこうできる問題だとは思えなかった。ましてや本能寺の変は、日本史上最も有名な事件である。

「……」

弟も当然の無反応だ。心配ないって、私の言ったこれは、きっと冗談なのだから。

その頃、私はアルバイトをしないと人間らしい生活ができない、駆け出しの占い師だった。弟は理系の学生だ。我々が史家ではないことくらい、よーくわかっている。だからこれはちょっとした遊びだ。家庭内でデカいこと言うのぐらい、許していただきたい。

「実際のところどうなんだろうね？」

「……うん？」

「みんな色んなことを言ってるよね。それぞれがそれぞれの信じる本能寺の変を発表しあってて、いっぱいアイデアが出てる。なのに未だ、答えが出ない。あ、そうだ！」

「……うん？」

「そうだ！　シューちゃんは、どんな本能寺が好き⁉　とりあえず、君の信じる本能寺がどんななのか聞こうか！」

「…………」

シューちゃん、すなわち親愛なる私の弟の、長い長い沈黙。

なんだこれワクワクする、と思った。

本能寺の変の考察を聞くことが、こんなにも心弾むことだったとは。

さぁ語ってくれ。本能寺の変を思う存分さぁ、早く‼


「特にない」


そうかっ‼

確かに。これまで弟が、なにかそういうことを積極的に考えている様子はなかった。現時点でスグに答えられないのは、致し方がないことだ。

大丈夫。今答えられなくてもいい。これからそれを、見つければいいのだから！

「それじゃあ私たちはこれから、私たちの信じる本能寺の変を見つけようではないか‼」

立ち上がった。スックと。

「……うんわかった。とりあえず今日は寝よう」

なんとも面白くなってきた。そうだね、明日からの「本能寺探し」に向けて、今日のところはこれぐらいにして寝るのも悪くない。満足した私は、意気揚々と弟の部屋を出たのだ。


あれから十年以上の月日が過ぎた。

この遊びに、人生を変えるほど心血を注ぐとは、思わなかった。


――「本能寺の変」に縁もゆかりもない姉弟が、ある日突然思いついた「光秀やってない説」――。

本書は、本能寺の変を本気で証明しようと奮闘した占い師と理系技術者がつづる、本編『大切り《だいぎ》本能寺の変』に至るまでの、おかしくて大まじめな調査記録である。

瀬田大橋をなめるなよ！

▶わかっちゃいたが、前途はすごく多難だった。

第1章

光秀の息吹を感じよ！さかのぼれ歴史「丹波保津川下り」

丹波に着いた

ここが丹波！光秀がいた、丹波！
歴史っていいね。
ところで私のサンダルを見て！
カッパカパ!!
ホンマや。
情緒がないね……。
先ずはサティー（現イオン）へ、靴を買いに行きました。

殿、と呼ばれる光秀

今、ここ、丹波に立っている。

そして興奮している。

丹波といえば光秀が、丹波の赤鬼悪右衛門《アクエモン》こと荻野直正《おぎのなおまさ》ら、並みいる豪族たちを倒し、治めた土地。
▽解説 荻野直正
そして「亀山城」という拠点を築いている。▽アクセス 亀山城
私たちはここへ光秀の息吹を感じるためにやって来た。ひとえに、本能寺の変について考える、そのヒントを得るために……！
なぜ本能寺の変を考えるために丹波へ来たのか、それについては目的地へ向かいながら説明するとしよう。

今回の目的地、その場所の名は「殿の漁場」という。
殿の漁場とは、亀山城近くを流れる川「保津川」沿いにあるポイントで、亀山城の城主、つまり光秀が、釣りを楽しんだとされる場所だ。

それにしても、「殿」という言葉から「光秀」を連想することは困難である。彼にはあまり殿たるイメージがない。しかし現地ガイドが、殿は光秀だと言うのだから、そうだといったらそうなのだ。それよりここで問題なのは、この〝光秀のイメージ〟であった。

自分たちが信じる本能寺の変を見つけようと誓い合ったあの日から三日も経たないうちに、私たちはどうしようもなく根本的な問題に行き当たっていた。

私たちは、光秀についてほとんど何も知らない。

本当に、知らな過ぎた。

私たちはただ本能寺の変という事件に興味があっただけで、そこに登場する人物には、あまり着目をしていなかった。不思議がる人が多いけれど、信長にも光秀にも、あまり興味はなかったのだ。それは例えば、ある映画が好きだとして、ただその映画のストーリーが好きなだけで、映画を作った監督や俳優には興味がないというのに少し似ているように思う。

しかし。しかし、それでは納得のいく本能寺の変は見つけられないと悟った。

なぜなら、本能寺の変を考察するほとんど全ての本に「本能寺の変を起こした光秀の動機」なるものが語られているからで、この「動機」部分を理解するにあたって、光秀の人となりについて理解しておく必要があったからだ。

現段階で強いて光秀のイメージを述べるなら、信長にイジメられがちな気の毒な人？　……程度のもの。

そういえばここ丹波でも、光秀は戦に勝つために自分の母親を人質に出し、そして殺されたという話が伝わっている。実に気の毒な人だ。

——ところが。

調べてみたら、その話はフィクションだということがわかった。

昔の人のイマジネーション

光秀の母が殺されたという話の出元、そういう出所のことを「出典《しゅってん》」というそうだが、その出典なるものは『総見記』という史料だった。

けれどもこれは、いわゆる歴史小説。つまり、実在の人物を使った二次創作みたいなもので、プロの歴史家がこういう史料を本気で信じているなら、かなり恥ずかしいよ、という代物であるという。

▼解説『総見記』

私はちょっと驚いた。昔の人も、二次創作をしていたのか。

そして二次創作本も、公式本と同じように後世に残っているということになる……。ともすれば、公式本より気軽に制作でき、庶民にも読みやすい二次創作本は、世間に広まりやすかったりもした。だから公式の歴史を知らない人が、二次創作を本当の歴史だと思いこんでしまうことは多々あるわけだ。

考えてみれば、私たちは目の前にいる知人の法螺話《ほらばなし》にだって簡単に騙《だま》されたりする。同じ時間軸を生きてすらいない昔の人が本当のところどうだったかなんて、実際は誰も知らない――。だからこそ、歴史家という専門家がいるのだ。

どの情報が事実で、どの情報が二次創作による作り話なのか。本来なら判別の仕様もない情報の真偽を判別するには、専門知識が必須なのである……。


では実際のところ、光秀の母殺害の件はどうだったというのだろう。

二次創作に引っかからぬ様注意しつつ、光秀が丹波を治めるまでの流れについて、わかったことをお伝えしたい。

母は与《あずか》り知らぬこと

まずはじめ、光秀は丹波の豪族たちに、信長に従うよう説得をして回った。このことは、光秀の説得に応じるかたちで信長にお目通りした人の領地を保証してあげた「知行安堵《ちぎょうあんど》」の記録が残っていることからわかった。

▼解説 記録の詳細

しかし、荻野直正《アクエモン》は説得に応じなかった。

それでアクエモンの討伐に動くことになったわけだが、いざ討伐、というタイミングで説得に応じていたはずの波多野秀治《はたのひではる》とその兄弟たちに裏切られてしまい、光秀は敗北する。敗北の有様については、光秀の友人、吉田兼見《かねみ》の書いた日記『兼見卿記《きょうき》』の、一五七六年一月十五日にその記録がある。

▼解説 波多野秀治

一五七六年一月二十九日、信長が出した書状では、波多野一族の裏切りがあった後も光秀に従ってくれている丹波の豪族たちに信長より感謝の意が示されるとともに、裏切り者を成敗するため改めて光秀が出陣することが伝えられた。その後、信長の言った通り改めて出陣した光秀によって武力制圧され、丹波は統治される。

以上。

なんと、「光秀の母」という登場人物が出てこない。

あ、忘れてた、という人もいるだろう。そうそうそう、戦に勝つために人質に出した母親が殺害されたという不幸の記録を探していたのだ、私たちは。でも登場人物の中に出てもこないとは思わなかったよね。

それにこの流れ……。

もし、もしも仮に「光秀の母」なる人物が登場し、この件に関わって殺されるようなことがあったとしても、断言できることが一つある。

信長は、悪くない。

なぜなら、信長が光秀へ、お母さんを使ってでも丹波を攻略するんだ、と命じた形跡がないからである。光秀が自分の判断で行ったことを、信長のせいにするのはおかしい。だからたとえ母親が殺されたとしても、それによって本能寺の変を起こす動機とするには無理がある。

本能寺的には空回り、かつ、光秀という人物につきまとっていた気の毒なエピソードが、一つ消失したことになる。

光秀のイメージに関する予測が外れ、少々面食らった私を尻目に「殿の漁場」なのだから、気楽なものだ。

釣り好きなのか？　光秀は。

いきなりこんがらがってきた。よくわからないなと思ったそのとき、「捜査は足」という言葉がふいに頭をよぎった。机に向かって考え込んでいたところで、何はともあれ不毛である。本能寺の変——、あれからもう四百年以上経ってはいるが、光秀は生きて、この国に存在していた人だ。

四百年前光秀のいた場所へ足を運び、四百年前光秀が吸ったであろう空気を吸えば、何か、感ずることがあるかもしれない。

そこの空気を私は吸いたい

そういうわけで今、私たちは船に乗っている。

そして、すごく怒られている。

光秀が釣りをしたという漁場を拝むには、「保津川下り」というイベントに参加することが望ましい。殿の漁場は保津川の流中に設置された見所の一つだからだ。

▼アクセス　**保津川下り**

保津川下りホームページには、自然美とスリルを満喫できる船旅とあるのだが……、我々にとってそのスリルは、怒る船頭さんによって演出されていると言っても過言ではないくらい、大ベテランと思わしきおじいさん船頭は終始全ての物事に対して怒っていた。

常にののしられながら業務に励む若手船頭。彼に対する怒号を中心として、停船中に席を替わろうとしたお客さんに「立つな！」船の縁《ふち》に手を置いた子供に「手ぇ置くな！」。

「容赦がないなぁ」

つぶやく私の横で、そんなじいさん船頭を写真に収めようとした勇気ある弟に「撮るな！」

！

私のかわいい弟になんたる態度。このじいさんは感じが悪すぎだ。ほんのりと敵意が芽生えたところで、船は保津川を下り始めた。

川を下り始めると、追い打ちをかけるように次なるスリルが我々を襲った。

観光ガイドは、船を漕ぐ船頭さんによる小話的なものだったのだ。

私たちは「殿の漁場」それのみを拝見しにここまでやって来たわけだが、正確な場所を知らない。船頭さんの気まぐれで紹介すらしてもらえなかった場合、見逃してしまう可能性もある。

無駄足、という恐怖がよぎった。

なんとしてでも殿の漁場を収めねば。どこだ——どこがそうなのだ……。私たちは景観を楽しむことなど許されぬまま、手分けして左右を確認し続けた。そこに不意打ちのガイドが。

「あそこに愛宕山《あたごやま》が見えますね」

バシャシャバシャシャバシャシャバシャシャ!!

反射的に降り仰いで、手当たり次第に山の写真を撮る。

何だ急に？　さすがの船頭さんも、異様な勢いで写真を撮り始めた私の異様さには怒りの声をあげなかった。

「い、今、愛宕と言った……！」

「言った」

小声で、弟と興奮を分かち合う。

愛宕山と言えば、光秀が本能寺の変直前に立ち寄って、意味深な歌を詠っておみくじを引いた、超有名な本能寺スポットである。▼解説 **愛宕山**
うおおおおおっあれが、あれが愛宕山なのかっ!!　あれが愛宕山なのかよおおおお！　て、どどどどれ!?　どの山？　どれかわかんない。どの山が愛宕山ぁあ!?

「ゴメン、ちょっとわからない」

弟が焦りながら答えた。

「あの辺りかぁあぁあーー!!」

視界に入る山全てを写真に収める。

愛宕山？

いきなりの大物本能寺スポットとの邂逅《かいこう》。これぞ運命の出会い。これが愛宕山だよとハッキリ指摘することはできないが、今、私の視野のどこかに、確実に愛宕山が見えている！　本能寺の片鱗を、私たちは拝んでいるのだ!!　ヤッホーーーィッ！

ガッツポーズを決め込みながらふと、我に返る。

私以外、誰も写真を撮っていないではないか。

「え、なぜかな？　アレってホントに愛宕山だよね？　あの、愛宕山なんでしょ？」

小声でしつこく弟に「あの愛宕山」なのかどうかを確認する。が、彼だって知識的には私とそう大差はないので、「そのはずだけど……」と自信なさげだった。なぜあんな有名な山に誰も反応しないのだろう？

後日歴史にあまり関心のない友人、ユキちゃんに問い合わせてみたところ「そんなの知らないよ」と一蹴された。根本的に、私が思うほど世間は本能寺の変に命を懸けてはいないらしい。面白いのにな

――……はっ、あれは!?　▽解説 ユキちゃん

前方に黒く突き出た岩が見える。

陽光のもと燦然《さんぜん》と輝く、「殿の漁場」と記されたプレート！

「おおおおい！　あった！　あったぞーーーーー！！！」

愛宕山々！

今再びの興奮とシャッターの嵐。

うわぁやったぜ！　これっか〜!!

「ここは殿の漁場と言って……、亀山城のお殿様が釣りをしたと言われている場所です」

再び異様な勢いを見せる私をチラ見して、若手船頭さんが軽く解説をしてくれた。

「おいおいやった、やったぞシューちゃん、見た!?　見たよね？　うははははっ!!」

「見た。……やったね」

やたら明るい人、と言われる私とは真逆の印象で、表情の乏しい私の弟、シューちゃん。そんな彼も、うっすらと笑顔を浮かべていた。私にはわかる。弟は今、満面の笑みを浮かべ、私と喜びを分かち合っていると！

気がかり……

殿の漁場。

船が漁場をゆっくりと通過する。この辺りは保津川のルート中で二番目に水深が深いらしく、川の流れが穏やかだ。だから思う存分漁場の空気を吸うことができた。あそこで光秀が釣りをしたのか。そうかそうかそうなのか。

船が漁場を離れていく。名残惜しく、いつまでも眺めていると、あの怒りまくっていたじいさんが見やすいようにそっと身体をずらしてくれた。こんな気持ちの悪い客の空気を、おじいさん、あなたは読んでくれたのですか?

……そう思うと、あの一連の厳しい態度は、一歩間違えば大事故に繋がる船頭という仕事に責任を持ち、緊張感を持って職務を遂行している証だと理解できた。

なんというかすみません、ありがとう、ございます。

わだかまりが解け、目的も果たせた。あとは心穏やかに船を楽しむだけである。

それなのに。

どうも、気になる。

——実をいうといまひとつ、心に引っかかっていることがあった。

「さっきのガイド、光秀が釣りをした、とは言わなかったね」

「うん、言って欲しかった」

問いかけに対し、すばやい同調。弟もそのことを気にしていたようだ。

〝亀山城のお殿様が釣りをしたと言われている場所〟

「あの言い方だと、歴代の城主の中の誰か、ということになる」

弟はいかにも理系らしく、的確に問題点を口にした。そう、それ。

そもそも、私が殿の漁場を光秀関連の観光スポットとして知ったのは、歴史好きの友人ミドリさんが保津川下りに行った時、光秀が釣りをしたという場所を見たと教えてくれたからだ。その時のガイドは、殿を光秀と紹介したという。▽解説 ミドリさん

しかし、今回のガイドによる「殿」のニュアンスは、亀山城主の〝誰か〟である。その中に亀山城主であった光秀も含まれてはいるが、三代目亀山城主・豊臣秀勝だって殿の中に含まれる。▽解説 三代目亀山城主・豊臣秀勝

思えば、光秀がここで釣りをしたことが明確にわかっているのなら「光秀の漁場」とするのではなかろうか。それをしないで「殿」と表記しているのは、ひょっとしたら亀山城主のどなたかがここで釣りをしたかもしれなくて、その中に光秀も含まれているかもしれないな〜なんて感じの、ふわっとした希望的観測による表記だったのかもしれない。

歴史のことに関して、事実としてわかっていること、つまり「史実」と、希望的観測、つまり「フィ

クション」との違いは、信頼できる歴史史料が残っているかどうかで区別するしかない。

▽解説 証言を立証するには

探すのだ。光秀が釣りをした記録を！

私たちは探した。本能寺の変を完全に脇に置いて、釣りの記録を。なのに保津川で光秀が釣りをしたという記録を見つけることは、ついぞできなかった。――殿の漁場はフィクションなのか？

……だとすると、黒い岩を眺めながら私が必死になって吸い込んだ空気は、光秀の肺を経由したものかもしれないけれど、最後の亀山城主、松平信正《のぶまさ》が吸って吐いた空気かもしれないし。最悪の場合、ただの黒い岩に興奮していただけだったとも考えられる。

▽解説 最後の亀山城主・松平信正

なんてことだ。当初は、そう思った。

疑惑の漁場。

島津家久君との出会い

殿の漁場について調べている中で、私たちはとある類似記録と出会った。

琵琶湖のほとりで、光秀に魚捕りの仕掛けを見せてもらった。

これは『家久君上京日記』という史料の一五七五年五月十五日に書かれている。家久くん上京日記……ぷぷっカワイイ。「いえひさのきみ」と読むらしいが、私たちはこの日記の著者、島津家久のことをどうしたってもう、家久くん、と呼んでしまう。家久のきみ、許してほしい。▼解説 島津家久

さて家久くんだが、この人は伊勢参りをするために薩摩《さつま》から旅をしていて、その道中に各地を観光していた。▼アクセス 伊勢参り

その流れで、滋賀県坂本の湖畔にある光秀の城「坂本城」に立ち寄ったのである。

なにせこの坂本城、当時この国で最も立派な城だったというからビックリする。ルイス・フロイスというポルトガル人が「坂本城ほど有名なものは天下にない」と証言を遺《のこ》してもいる。▼解説 証言の出典

ちなみにその頃信長は、岐阜城にいたりいなかったり、佐久間《さくま》という部下の家に居候させてもらったりしている。居候の際の手荷物は「茶道具だけ」。なんとシュールな。▽解説 佐久間という部下

信長の居城として有名な「安土城」が完成するのは、実は坂本城が建った八年も後のことなのである。

▽アクセス 安土城

茶道具だけを持って部下の家に居候する信長と、日本一立派な城にもう住んじゃっている光秀。上司と部下の間にこんな奇妙な格差があっていいのだろうか。部下をイジメているイメージがあった信長の、予想外の……お姿。信じ難く思うけれど、これは史実のようだから私たちの思い描いていた二人のイメージと違っていようがなんだろうが、黙って受け入れなくてはならない。

ああ、それで話を戻して家久くんだが、光秀に歓迎されて様々なおもてなしを受けている。魚捕りの仕掛けを見たというのも、そのおもてなしのひとつであった。琵琶湖に船を浮かべ、当時は日本一の城だった坂本城を鑑賞した時など、テンションが上がってしまった家久くんは、乗っていた屋形船の屋根に登ってお酒を飲んだりしちゃったらしい▽出典1。

ところが、光秀は気分が晴れない様子だったと日記にはある。どうしたのかと聞くに、戦に出ている信長が心配なのだという▽出典2。

「なにか急に、かいがいしい展開になってきたね」

だんだん可笑しくなってきて、史料を読む手が震えてきた。なんだこの普通におもしろい日記は。

「光秀は、信長が心配……」

言って、弟はいくつかの別の史料を見る。『家久君上京日記』の証言を立証するため、信長の動向を他の史料と照合しているのである。

結果、確かに丁度この頃、信長は「長篠《ながしの》の戦い」に出ていたことがわかった。鉄砲を使った戦術で武田騎馬隊と戦ったことで有名な、あの戦いである。

▽解説 **長篠の戦い**

「どうやら本当に、戦に出ていたらしい」

弟が言う。いいね、ますます、おもしろい。

その後、武田軍を破ったという戦果を信長からの手紙で知った光秀は、この報告がよほど嬉しかったようで、友人の吉田兼見に届いた手紙を見せびらかして喜んでいたと兼見の日記『兼見卿記』の一五七五年五月二十四日に書かれている。


ぼんやりとしていた光秀のイメージに、いくつかの新情報が書き込まれた。

記録に残る光秀は、この国で最も立派な城に日本中の誰よりも早く、信長よりも先に住み、心配事があれば他人の日記に書かれるくらい浮かない顔をして、嬉しいことがあれば友人の日記に書かれるくらい嬉しそうにしている。

イメージしていた光秀とは、だいぶ違っているではないか。

――殿の漁場。

あの岩は私たちに、光秀のイメージを疑うきっかけを与えてくれたのだ。

皆はなぜ、川を下るのか

船が着岸する。嵐山に着いたらしい。

弟が買ったわらび餅を、少し分けてもらう。興奮醒めやらぬ脳味噌に、ブドウ糖がやさしく供給されていく。

私たちの身の回りには、史実とフィクションが、一見なんら区別のつかぬ様相で混在している。それがけしからんのではない。そういうものなのだ。

だから本気で本能寺の変と向き合うならば、与えられた情報が史実なのか、フィクションなのか、ひとつひとつ確認していかなきゃいけない。そして史実なら史実として、フィクションならフィクションとして——楽しもう。

素敵な船旅だった。私は上機嫌で船を降りた。季節は八月。夏真っ盛りだったが、嵐山の木々が日陰を作ってくれていて、これもまた心地良かった。

歩きながら、ふと思い出す。

そういえば殿の漁場でも、私以外誰も写真を撮っていなかったよな？ よく考えると、し、……信じられん！ 私は叫んだ。

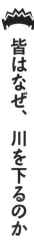

「みんな、何しに来たんだ⁉」

「川下りに来たんや」

弟が素早くツッコんだ。

ピンポイントで写真を撮りに来た人なんて、あんただけだ、と。

▼解説 荻野直正

赤井直正とも表記されることからか、「丹波の赤鬼」というキャッチフレーズを付けられることもある。兵庫県丹波市にある黒井城の城主。

通称名は悪右衛門。十三歳の時、謀叛を企てた外叔父《ははかたのおじ》を討ち取り悪右衛門と称するようになったと『赤井家譜』にあるが、しかしこの史料の信憑性は高くない。つまり、本当の話かどうか疑わしい。

通称名が史実だったかどうかはさておき、荻野直正を討伐すべく黒井城へ向かった光秀だったが、背後に位置する八上《やかみ》城主波多野秀治らが裏切ったことで形勢が逆転し、敗走を余儀なくされたことは確かである（『兼見卿記』）。

黒井城へ光秀を誘導し敗走させた一連の流れは「悪右衛門の呼込《よびこみ》戦法」と呼ばれているが、そういった作戦名が当時からあったのかどうか、このことについても実は不明である。

▼アクセス 黒井城

解説 『総見記』

本能寺の変から約百年後に書かれた書物。

著者の遠山信春が、ただでさえ信憑性の低い史料、小瀬甫庵《おぜほあん》の『信長記』を補足、訂正、考証したものであるため、より一層信憑性の低い史料となっている。

解説 記録の詳細

天正三年（一五七五年）六月十九日小畠左馬進宛光秀書状より。

今度依被召出、被遣御朱印候、御当知行分不可有異儀候、弥御忠節次第、新地等之儀可申調候、此等之趣、相意得可申入之旨候、恐々謹言

今回の招集に応じてもらえましたので、知行安堵の御朱印状《ごしゅいんじょう》をお渡しします。今後の活躍次第では新たな領地も認められますので、いっそうの忠節を尽くしていただけますよう、よろしくお願いいたします（奥野高廣『織田信長文書の研究』）。

出来事や言い伝えが本当にあったことかどうかは、史料の有無やその内容を確認することが必須である。

その記録はどこに？

光秀が※雑賀衆《さいかしゅう》に協力を要請した、年号不明の文書を確認したい。
この中のどこかにある!!
ふはははははっ
厚い！凄い厚みだ!!
『紀伊続風土記』×５冊
また直感で、見つけてもらえる？
はいっ！
ここでどやぁ!!
あったスゴイ!!
ようし任せろ！だいたいのコツはこの前つかんだ。
はいっ
あ、あ～～
近い！
少なくとも信長さんの名前は出てる。
だーッ！ちっくしょ～～!!

※雑賀衆……和歌山県北西部の地侍集団。

▶姉はよく史料のありかを直感で探し当てた。

▼解説　波多野秀治

八上城主。

信長と関わりを持った当初は敵対姿勢を見せなかったが、天正三年（一五七五年）に丹波侵攻を開始した光秀を襲う。

天正七年（一五七九年）光秀によって八上城が落とされるまで敵対行動を続け、兄弟と共に処刑された。

▼解説 **愛宕山**

京都府京都市に位置する山で、山頂に愛宕神社が鎮座している。防火の御利益がある他、古来より勝軍地蔵を祀っていることから、戦勝祈願に訪れる人も多い。▼アクセス **愛宕神社**

本能寺の変が起こる前、光秀は中国地方攻略のための先勝祈願《せんしょうきがん》に愛宕神社を参拝しており、歌を奉納《ほうのう》している。今の暦で丁度梅雨時にあたる五月のその日は、雨が降っていた（『言経卿記』）。だから光秀は「ときは今あめが下しる五月哉《さつきかな》」（五月である今まさに五月雨が降っている）と詠った。

この歌が後に、ものすごく深読みされる。

「とき」というのは光秀の家系であった「土岐氏《とき》」、「あめが下」は「天下」を示すと推察され、「土岐氏の末裔である自分が天下に号令をするときが来た」というメッセージが隠された歌ではなかったかと解釈されたのだ。さらに、光秀が愛宕神社で何度となくおみくじを引いたとする記録も残っていたことから、本能寺の変について何度も占ったのだろうと推察されることにもなった。

ところが、この頃（五月二十八日）の光秀が、ごく普通に中国地方に向かう手筈を整えていたことがわかる、中国地方の武将に宛てた書状が見つかっている。要約は次の通り。

石見国（現在の島根県）の福屋隆兼《たかかね》と、伯耆国（鳥取県）の南条元続《もとつぐ》へ。織田軍は備中国（岡山県）の毛利軍とまず対峙しますが、戦況によっては山陽道（広島方面）から山陰道（鳥取、島根方面）へ進路を変更して進行

金山城より八上城を望む。
▶アクセス **金山城**

することも考えられます。その際は毛利攻めのための協力をお願いします（桐野作人『だれが信長を殺したのか』）。

隠されたメッセージがあるなどとするオカルト的解釈よりも、こちらの書状にある通り、中国地方攻略のための先勝祈願とくじ引きをしたと解釈しておく方が合理的ではなかろうか。

ところで、本文中当たりをつけて撮った愛宕山々の写真であるが、愛宕山はこちらである。

愛宕山はココ。

▼解説 **ユキちゃん**

本能寺姉弟（姉）の幼稚園からの幼なじみにして、親友。

幼い頃よりゲームやアニメに親しみ過ぎた結果、生粋の関西人であるにもかかわらず、標準語しか話せなくなったオタクの中のオタク。顔出しは絶対にＮＧ。写真も撮らせてもらえない。

▼解説 **ミドリさん**

本能寺姉弟（姉）の友人の中で唯一、公務員という真っ当な仕事に就き、家庭まで持っている常識人。

歴史を嗜《たしな》むのも彼女の中では常識だったが、夫が羽柴（豊臣）秀吉を知らないことが発覚し、驚愕する。

解説 三代目亀山城主・豊臣秀勝

羽柴秀吉の姉の子。

解説 証言を立証するには

歴史の研究は、史料の読み解きにかかっている。

まず、史料そのものが残っていない場合、当然だがそれでは何も立証できない。

では史料が残っていればそれでよいのかというと、そういうわけでもない。その史料に記された情報がどれだけ信用できるのか、信憑性を検証しなければならない。

例えば、光秀の出生について書かれた『美濃明細記所収土岐系図』という史料には、光秀は享禄元年（一五二八年）三月十日美濃の多羅城で、父光隆とその妻武田義統の妹との間に生まれたとある。しかし、この光隆という人物が実在していることを示す史料が残っていないので、書かれている内容の裏付けが取れない。そうかと思えば『若州観跡録』という史料では、光秀は若狭の刀鍛冶の子として生まれ、鍛冶職を嫌い兵法を好んだため武士になったという話が展開されていて、証言に一貫性がない。

このように、たとえ史料が残っていたとしても、裏付けが取れなければその内容は信用できない。従って光秀の出生については「よくわからない」とするしかない。

現代の記録物が往々にして話を盛っているように、当時の史料も著者の意図するところに沿うよう記録されている。日記なら私情が差し挟まれていて当然であるし、誇張や嘘が書かれていてもおかしくはない。そういった諸々の事情を踏まえたうえで残された史料を分析し、情報の妥当性を検証していく必要がある。

要するに、ひとつひとつ丁寧に調べないと、本当のところ何も信じられない。

悪魔の証明

よく考えたら、『やってない』を証明するのって凄く難しくない？
うん。
そういうの、『悪魔の証明』って言うんだって。
うん。
知ってたん？
うん。
知ってたのならなぜそれを私に教えなかったんだ!!
……っ、ごめん。

▶わからなくて困ったときほど、人はエラソウになる。

解説 **最後の亀山城主・松平信正**

亀山を亀岡と改称した。

▼解説 **島津家久**

天文十六年(一五四七年)生まれ、薩摩国(鹿児島県)島津氏の家臣の家系。武勇に優れた人物で、九州征伐に訪れた豊臣連合軍を迎え撃ち、勝利を収めたこともある。

『家久君上京日記』によると、当時の家久は教養面に苦手意識があったようで、茶の湯を勧められた際は不案内を理由に白湯を求めたり、光秀が開催した連歌会の参加を辞退したりしている。

▼解説 **証言の出典**

ポルトガル宣教師ルイス・フロイスの書いた、日本における布教記録『日本史』。

来日の目的が布教活動であることから、その内容には様々な誤解や偏見を含んでいる。しかし当時の日本の状況や、信長や秀吉といった有力者との交流が宣教師の目線を通じて記録されていることから、史料的価値は高い。

▼解説 **佐久間という部下**

正確には、佐久間信盛《のぶもり》。

古くから信長に仕える家臣で、信長の上洛《じょうらく》後(京都に上がった後)は近江国(現在の滋賀県)を拠点に、大阪の本願寺攻めを任された。

しかし天正八年(一五八〇年)、本願寺との決着はついたものの、これまでの職務怠慢を叱責され追放される。

佐久間の屋敷に居候する際の信長の手荷物が「茶道具だけ」だった件については、『信長公記』という史料の天正三年(一五七五年)十一月二十八日に、信長は息子の信忠に家督《かとく》を譲り、岐阜城から茶道具のみを持ち出し退出したとの記述がある。

このとき、安土城が未完成であったため、仮宿として佐久間の屋敷に居候することとなったようだ。

▼解説 **長篠の戦い**

甲斐国（現在の山梨県）の武田勝頼が、徳川家康の領地である遠江《とおとうみ》国（静岡県）長篠城へ侵攻。家康の救援に向かった信長と家康の混合軍が、三河国（愛知県）あるみ原で武田軍と交戦し、武田軍が敗退した戦い。

三千丁の火縄銃を用いた「三段撃ち」が行われたとされているが、信頼できる史料にそのような記録は見受けられない。

▼出典1
『家久君上京日記』天正三年（一五七五年）五月十四日。

▼出典2
『家久君上京日記』天正三年（一五七五年）五月十五日。

▼アクセス **亀山城**
京都府亀岡市荒塚町内丸一
ＪＲ山陰本線で亀岡駅下車、徒歩一〇分。

京都縦貫自動車道、篠ＩＣから約一〇分。

駐車場なし（駅周辺にコインパーキングあり）。

城址は宗教法人が管理しているため、見学には受付で申し込みが必要。

▼アクセス **保津川下り**
京都府亀岡市保津町下中島二
ＪＲ山陰本線で亀岡駅下車、徒歩一〇分。

京都縦貫自動車道、篠ＩＣから約一〇分。

駐車場あり。

亀岡駅すぐの保津川下り乗船場から乗船し、約一六キロの渓流を二時間程度で嵐山まで下る。

▼アクセス **伊勢参り**
三重県伊勢市宇治館町一（内宮）
近畿日本鉄道の伊勢市駅もしくは宇治山田駅下車、徒歩一〇分で外宮、バス、

殿の漁場を望む。

伊勢神宮。

タクシーで内宮まで一〇分。

伊勢自動車道、伊勢西ＩＣから約五分。

駐車場あり。


高天原《たかまのはら》（日本神話の天上界）で主神とされる天照大御神《あまてらすおおみかみ》を祀る神社。

江戸時代、民衆に伊勢参りが流行し、「お伊勢さん」と親しみを込めて呼ばれることになる。

▼アクセス　**安土城**

滋賀県近江八幡市安土町下豊浦

ＪＲ琵琶湖線安土駅下車、徒歩二五分。

名神高速道路、竜王ＩＣから約二〇分。

登山口に駐車場あり。


信長の居城として築かれた城。

天主は失われているが、当時の記録から色鮮やかで豪華な城であったことが推測されている。

安土城天主跡。

▼アクセス　**黒井城**

兵庫県丹波市春日町多田　登山口から徒歩約四〇分。

JR福知山線黒井駅から登山口まで徒歩一〇分。舞鶴若狭自動車道春日ICから約一〇分。駐車場あり。

現代に残る「呼込《よびこみ》戦法」

丹波を走行中
あと5分くらいで春日歴史民俗資料館到着予定。…まだ直進ね。
っしゃー!!
ブロロロロロ
国指定史跡 黒井城跡
かすがの局生誕地 興禅寺
黒井城!!
ポータブルナビ
お姉さん!?
ギャギャ
ギャギャ
黒井城ってあの山の上!? 遠!! しまった〜! 罠だったのかーー!!!
ゴゴ
まんまと呼び込まれたね。

▶まんまとひっかかった。

一三三四年頃に築城され、戦国時代は荻野直正の居城となった。現在も土塁や石垣の遺構を見ることができる。登山口に向かう道には大きな看板が出ており、歴史好きの人々を呼び込もうとしている。

▼アクセス　**金山城**

兵庫県丹波篠山市追入　登山口から徒歩約三〇分。

JR福知山線篠山口駅から神姫バス追入停留所下車後、徒歩一〇分。

舞鶴若狭自動車道丹波篠山口ICから約一五分。

駐車場なし。

軽く登山すると、光秀がここから丹波の城を見たかもしれないとするポイントに標識が立っている。

「金山城物語」なる物語が書かれた看板もあったが、我々が訪れた時（二〇一二年六月二日）には、こちらはそっと寝かされていた。

崖にせり出す形で横たわる看板。命がけで読むべし。

「金山城物語」。

▼アクセス　**愛宕神社**

京都府京都市右京区嵯峨愛宕町一

ＪＲ京都駅から京都バス清滝行きで清滝停留所下車。
名神高速京都東インター、もしくは京都南インターから一時間。
駐車場あり。

山登りをしたくない

愛宕神社へ行こうと思ったらね、
これはもう「登山」。
ガーン
なんとか…
※くじ引き
はっ
登山せよ！
回避する方法は…
※あみだ
登山せよ
ないものか…!?
うぅ…
登山せよ!!
弟が登ってくれました。
……。
※占い

オマケ▼アクセス **愛宕念仏寺**

京都市右京区嵯峨鳥居本深谷町二

ＪＲ京都駅から京都バス清滝行きで愛宕寺前停留所下車すぐ。

もとは京都東山にあったが、大正時代になって現在の場所に移設された。

愛宕山へ向かうバスの路線上にあり、しかも「愛宕」と表記され

弟が登った愛宕神社。

愛宕念仏寺。

ていることから、本能寺の変前に光秀がいた愛宕ではないかと当時の我々は大いに勘違いした。

しかし光秀がいたのは愛宕神社《あたごじんじゃ》で、この寺の名称は愛宕念仏寺《おたぎねんぶつじ》という。お間違えのないように。

丹波から帰る

現地へ行って よかったね〜♪
確かに。
ところで私の ニューサンダルを 見て！
靴擦《くつず》れが、ヒドくってさ!!
……なんで付箋《ふせん》貼ってるの？
見るからに かわいそうやろ？ いたわってくれて ええんやで？
絆創膏《ばんそうこう》がなかったのです。

第2章

どんな時でも趣味を楽しめ！歌にまみれた行軍

遠回り調査哲学

本能寺の変を調べ始めた姉が最初に読んだ本。

※毒殺の可能性から検討しようと思ったそうです。

長沢栄史監修『日本の毒きのこ』。

光秀はちょっとズレている

兵庫県姫路市。二〇〇三年『ラストサムライ』のロケがあったとかで騒がれていた書写山《しょしゃざん》で、一五七八年、光秀は里村紹巴《じょうは》という人に宛てて手紙を書いている。▼解説『ラストサムライ』

しかし、そのことで騒がれた形跡はない。▼アクセス 書写山

書写山が光秀の滞在を売りにしないのは残念極まりないことだ。というのも、そこで光秀が書いた手紙の内容は、ある意味衝撃的なものだったからである。

要約すると次の通り。

出陣以来音信しておりませんでしたが、いかがお過ごしでしょうか。私は五月二日に明石（兵庫県明石市）に着陣しました。そこで洪水のため一日逗留し、本日は書写山にいます。こちらの様子は、以前京都で聞いた通りです。この先どうなるかは現時点ではわかりませんが、おそらく（信長の）思われている通りになるでしょう。

話に聞いていました、生田《いくた》川とその森、須磨の月見松、松風村雨の一本《ひともと》、つき島、明石潟、人丸塚、岡辺の里などが、思いがけなく見物できました。あなたを誘って来れば良かった、などと思っ

ています。

あなたは京都にいて、忙しくしていることでしょう。この度は西国との重要な戦なので、（信長は）大変気を詰めていることと思います。今のところ敵方は陣内に立て籠もっており、今すぐ合戦という気配ではありません。恐れ入りますが、細川藤孝《ふじたか》はじめ、他の人たちにもお言伝をお願い致します。

なお、生田（兵庫県三宮市）にて。

▼解説 細川藤孝

ほととぎす　いくたびもりの　木の間かな

夏は今朝　島がくれ行　なのみかな

こちらは人丸塚の辺り（兵庫県明石市）で、なんとなく口から出てしまいました。季節より早い句なので、おかしいのですが。

天正六年（一五七八年）五月に書かれたこの手紙。受取人、里村紹巴は「連歌師」といって、各地を旅しながら歌の指導を行っていた人物である。

そのため、手紙の内容は軍事面もそこそこに、現在の兵庫県三宮から明石に至る道筋にある、歌に関係する数々の名所を伝えてくれている。

それにしても、――そうだったのか。


光秀は行軍中、歌の名所に目を留めていたわけだ。


おまけに、「あなたを誘って来れば良かった」などという、ちょっとズレた発言。さっきから土下座状態で何度もこの手紙を読み返しているのだけれど――……。

光秀は、仕事中に趣味の世界を堪能《たんのう》し過ぎているのではないだろうか⁉


「大変だ！　行きたいところがたくさんできた」

弟の部屋。床いっぱいに広げた資料から顔を上げ告げる。

椅子に深く腰掛け背筋はまっすぐ、上腕は垂直に肘《ひじ》を九〇度曲げた適切な姿勢で年表を書面に起こす作業を遂行していた弟が、苦笑気味に振り向いた。

「いやぁ～この辺りも、捨てたもんじゃないね」

私たちのいる、ここは明石。すなわち、四百年前の五月二日に光秀がいた明石であり、書写山のある姫路には弟が通っていた学校がある。光秀が歌を詠んだ生田（三宮）には私の職場があるではないか！

私たちの生活圏に光秀が来ていたという感動。それと共に、軍事行動中にしてはやんごとなき、このような内容の手紙を書く光秀という人物を奇妙に思った。

「ミーちゃんてさ、ちょっと変わってるのかな？」

光秀なので、ミーちゃんだ。親しみを込めた方が、調べるとき楽しい。

部屋に机は二つあるが、私は大抵床に這《は》いつくばって作業をしていた。床は机よりだいぶ広い。それに机は、何かを考えるのにあまり向いていないような気がする。そんなこんなで床に土下座が常の私は、弟の背中に向けて腕をめいっぱい伸ばし、資料をヒラヒラさせた。作業をしていた弟は手を止め、受け取るまで羽ばたき続けるであろう資料を回収すると、目を通す。

作業風景。

「……ははは」

弟が、全く感情のこもっていない、乾《かわ》いた笑い声をあげた。状況を理解しましたよ、という時にこういう反応を示す。

どうやら弟も光秀の変人ぶりに気づいたようだ。そして私が、現地を見に行きたがっていることも。

「明日、休みだよね？　ふ、ふ、ふ」

愛ってなんだろう

「へぇ〜、ここで入水自殺をねぇ」

兵庫県三宮市、生田《いくた》川を眺めている。 ▼アクセス 生田川

今回の調査は、三宮から明石へ至る行軍中に、光秀が〝思いがけなく見物した〟歌の名所を見てみよう！　というもの。

光秀のものの見方感じ方を知ることで、本能寺の変解明への手がかりを掴《つか》もうというわけである。

さ、まずはここ、生田川だ。ここは「歌枕《うたまくら》」といって、古来より多くの歌人が訪れ歌が詠まれた名所のひとつ。

『大和物語』という平安時代に書かれた物語には、その昔二人の男が一人の女をめぐって争い、それを嘆《なげ》いた女が歌を詠って入水自殺する「生田川伝説」が収録されている。

すみわびぬわが身なげてむ津の国の

生田川。

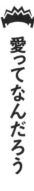

生田の川は名のみなりけり

このように詠って死んだ女の後を、二人の男も追ったという。

光秀が詠った二つめの歌をみてみよう。

夏は今朝　島がくれ行　なのみかな

この歌は、生田川伝説で詠われた先の歌から「名のみ」という部分を引用して詠んでいるのだと思われる。

しかしなぁ、なんだかんだで三人とも死ぬとはね。

「なんでなの？」

弟に聞いた。白状するに、私は恋愛に一ミリも興味がない。

二人の男が一人の女を取り合ってみんな死ぬ。なんだこの話？

しかし光秀は、この話にインスピレーションを受けているように見受けられる。

「この話は、なにがそんなに感動的なの？」

私たちは、光秀のものの見方感じ方を理解するためにここへ来たのだ。興味がない、わからないでは済ませられない。

「それは僕にもわからない」

弟もわからない。それはダメだ。わからないでは絶対ダメだ。

「……考えよう！」

「……」

私たちは黙った。そして懸命に考えたのではあるが、お互いに、その答えが口をつく日が来るとは思えなかった。いくら似ていない姉弟だと言われていても、恋愛に興味がないという点において、完全に血が繋がっていたらしい。

突っ立って考えていても仕方がないので、とりあえず「生田森《いくたのもり》」へ向かうことにした。歩きながら考えると閃《ひらめ》きやすいと、何かの本で読んだことがある。行こう。生田森は、生田神社の境内にあるそうだ。

雅《みやび》になりたし

「な、なにごと⁉」

案の定、何の閃きも起こらぬまま生田神社に着いた。そしてそこには、女学生の人だかりができていた。

当時、ここで陣内智則氏と藤原紀香氏が結婚式を執り行い、それがためにここはすっかり縁結び神社と化していたのである。皆口々に「やばい」などと発言しながら写真を撮り、縁結びのお守りを購入している。

「……」

「……」

やばい。その感覚が、ちょっとよくわからない。

私たちは女学生らから目をそらし、黙って森を目指した。私たちは、光秀の推奨する史跡へ向かうという使命を帯びている。恋愛にうつつを抜かしている暇などない。そういうことにしておこう。

ここか。この森も古来より和歌に詠まれてきた名所「歌枕」である。▽アクセス 生田森

そして光秀も歌を詠った。

ほととぎす　いくたびもりの　木の間かな

ほととぎすが生田森でいく度も鳴いている。よし、そ

生田神社の女生徒群。

生田森。

のままの意味だ。

ちなみに「いくたび」は「生田」と「幾度」を掛けた掛詞である。ふふん、カケコトバ。高校の時習ったやつである。習った当時は両眼を閉じて聞き流していたけれど。

光秀が歌を詠うものだから、私たちは今、古典のテキストが手放せないでいる。

「それにしてもお姉さん、よく古語辞典残しておいたね」

社会人になった時、学生時代の教科書類はあらかた捨てた。学生時代における良き思い出など一切ないし、好きな科目は美術と生物だった。それがどういうわけか、歴史と漢文、古語のテキストを捨てずに残していたのだ。それを弟は、姉の起こした奇跡と思ってくれている。

「こういうこともあろうかと思って、とっておいたのさ」

それらしいことを言いつつ思う。まさか自分が、こんなことをする大人になろうとは……。

おっと。魅力的な看板(↓)である。私は思わず立ち止り看板を凝視した。そうか、ここは歌枕であると同時に古戦場でもあったのだ。そうだよなぁ、人生は戦いである。より良い未来を実現させるべく、人々は戦い続けている。

ふと斜め後ろを見た。弟も〝源平ゆかりの地〟を凝視している。写真まで撮っているではないか。

源平古戦場。

——そうだったのか。私たちは、似た者同士だったのか……。

だがしかし二人して古戦場に心奪われている場合ではない。思い起こすに、光秀の手紙には源平合戦の史跡を見たという記述などなかった。

——そうだ、光秀は古戦場ではなく、歌枕を鑑賞する人なのだ……。

光秀のような雅な心を持つ人に、できることなら私もなりたし。これは、願望を表す助動詞である。

歌枕か、古戦場か。

もしほとこふじがわからない

「うおおおおっ！　あそこあそこ！」

兵庫県須磨区。閑静な住宅街。

「松風村雨堂」が見えたことに、思わずでかい声を出してはしゃいでしまった。バスを待っている、おじいちゃん、おばあちゃん。冷静な視線が一斉《いっせい》に向けられた。▽アクセス 松風村雨堂

「おぉ〜っと……ひともとって書いてあった松が、三本もあるよぉ〜……」

さすがに恥じらいを感じ、幾分か声をヒソヒソさせながら駆け寄り、食い気味に松を眺めた。

横を見ると、弟はお堂に設置されている歴史クイズに取り組んでいる。

真面目な奴だ。そしてどうやら②という解を出したらしい。

「それさ、正解したらどうなるの？　何かもらえるの？　回答はどこに送るの？」

言って、そういうところだ、とハッとした。私は即物的《そくぶってき》（夢や理想より、事実や実利を重視するさま）過ぎるのだ。

そして回答したにもかかわらず、もはやクイズに対する執着を捨て松を眺めている弟は、修行僧のごとき人であった。

松たち。

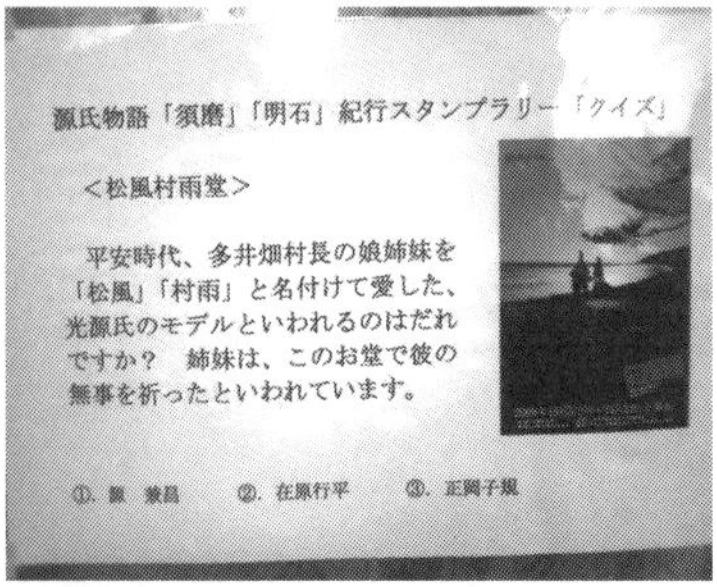
源氏物語「須磨」「明石」紀行スタンプラリー「クイズ」
<松風村雨堂>
平安時代、多井畑村長の娘姉妹を「松風」「村雨」と名付けて愛した、光源氏のモデルといわれるのはだれですか？　姉妹は、このお堂で彼の無事を祈ったといわれています。
①. 源 兼昌
②. 在原行平
③. 正岡子規

2008年出題。

松風村雨堂。

もともと「もしほ」「こふじ」という姉妹が、島流しになったモテ男、在原行平《ありわらのゆきひら》と出会い、なぜか「松風《まつかぜ》」「村雨《むらさめ》」と名付けられて二人とも愛人になる。月日は流れ帰京する行平。見送る姉妹に、行平は自分の衣を松に掛け、去ってゆく。二人は残された衣を生涯大事にしたという。以上が、この地に残る伝説である。

は？　……うーん？　あ、……うん……。

即物的な私には、利害関係のスッキリしないこの話のどこにどう心を動かせばよいのかが、ハッキリ言ってわからない。もしほとこふじ。君らはそれでよいというのか？　一方弟は、愛という欲を抑えることに既に成功してしまっている。従って感想などは皆無。この手の伝承を理解することは、私たちにとって非常に難解なことであった。

しかしながら、ここから何かを感じ取ることができる感受性に優れた人が、この世の中には存在するのだ。それがわかったのは、生田から戻り、恋愛経験のある友人ルミちゃんに、生田川伝説の鑑賞の仕方について相談を持ちかけた時である。

伝説の内容についてどう思うかと聞いたところ、ルミちゃんは一呼吸おいて、こう言った。

「なんて純粋な人たちだろう……いい話ですね」

そう、思うものなのか――――!!!

まさに青天の霹靂《へきれき》であった。光秀もそんなふうに受け取っていたのかもしれない。

ああ、なんて素直な感性を持った人なのだ、光秀、そしてルミちゃん。ルミちゃんは掛《か》け算ができないが、人として大切なことを充分に理解している。デートの最中に歴史文献を閲覧してはいけない。後にそう教えてくれたのもルミちゃんだ。ルミちゃんが感動できたように、光秀もきっと、こういった話に感動できる豊かな感受性を持っていたに違いない。▼解説 **ルミちゃん**

それがわかればもう充分だ。もしほとこふじも、利害関係を超越した〝何か〟を受け取れるタイプの人だったのであろう。

私たちはそっとこの地を去った。衣服を松に掛けることなく。そういえば、服を掛けた意図もよく考えると謎である。在原行平、何のつもりかわからんが、自分に自信があるのだな。

帰路に就く途中、またしても源平古戦場や「敦盛塚《あつもり》」なる戦闘的史跡が私たちを誘惑してきたが、光秀が手紙に認《したた》めることなく素通りしたのであるから、こちらも超然とした態度で素通りをするべきだと判断した。▼アクセス **敦盛塚**

古戦場より、愛。愛なのである。

愛のパネル。

強制敢行源氏物語ツアー

とある十一月一日。私はついに、「源氏物語ツアー」なるものに参加した。『源氏物語』を古典の授業以外で読んだこともないというのに。

それもこれも光秀を理解するため。本能寺の変のためであった。

本能寺のために源氏物語ツアーに参加している、源氏物語をろくに読んでもいない人が、はたしてこのツアー参加者の中にいるだろうか、いやいない。反語。

結局のところ、光秀の推奨する場所の多くが『源氏物語』関連のスポットでもあった。松風村雨堂の在原行平だって、源氏物語の主人公、光源氏のモデルとなった人の一人ではないかと云われている。

しかしながら私たち姉弟は、その『源氏物語』に対し一向に興味が持てずにいた。なにせ恋愛に一ミリも興味がないのだ。平安時代の恋愛小説など、難解に過ぎる。こうなったらもう強制的に現地へ赴き、強制的に解説を聞こう。ひどい動機であろうとも、本能寺の変解明のためやむを得ない。

む、……どうやらなんらかの源氏物語ポイントに到着したとみえる。

月見松。ここは先ほどから紹介している在原行平が月見に訪れ、その噂が広まることで月見の名所となった場所だ。

在原行平のどこにそこまで魅力があるのか、私にはよくわからないが、なにかしらとんでもない影響力を持っている人物だということはよくわかった。でもこの人、いっぱい彼女いるよ？

▼アクセス　月見松（須磨離宮公園内の月見台）

ここからの眺望は海も綺麗で素晴らしいと紹介されていたが、綺麗な景色にも興味がなかった私の写した写真からその素晴らしさが伝わればいいのだけれど。

「岡辺の里」とは『源氏物語』に出てくる女性、明石の君が住んでいたとされる場所だ。

しかしここは岡部の里……へと続く「蔦《つた》の細道」。結局、岡辺の里はここからもっとずっと先にある。じゃあ、この道はなんなのだ？

月見松。

須磨の眺望。

岡部の里へと続く「蔦の細道」。

どうやらここでは、この細い道を観賞しながら岡部の里を想えばよいらしい。うーむ、……難しいな。何も思い浮かばないけど何やら趣深い細道のように見える気がしなくもない。▽アクセス **蔦の細道（無量光寺）**

ツアーでは他にもあちこち史跡を訪ねたが、光秀の手紙に書いてあった源氏物語ポイントは以上。締めくくりに、源氏物語とは関係ないが「つき島」を紹介したい。

「つき島」は「築島」と表記するとわかりやすい。人工的に築いた島のことである。光秀の手紙にあったつき島は、おそらく明石港周辺のことではないかと思われる。▽アクセス **つき島（明石港）**

つき島（明石港）。

源氏物語とは関係がないので、当然この源氏物語ツアーでつき島は紹介されない。だが、ここまで順調に光秀の推奨史跡を探訪できて気を良くしていた私は、少々調子に乗っていた。「つき島について教えてほしいです」などという場違いな質問をしてしまったのである。

一瞬、は？　という空気が漂《ただよ》ったものの、丁寧に答えてくださる知恵の泉のような女性ガイドさんがひとり、いらっしゃった。

「昔明石のお殿様が船を留め、お客様をもてなす時に使っていた場所だと思われます」

なるほど！　光秀も、船を使って客人をもてなしていた。船を使ったおもてなしは、昔からよく行われていたわけだ（**1章　島津家久君との出会**

い参照）。

「それにしても、よく『ツキシマ』という単語をご存じでしたね？」

ガイドさんが、場違いな質問をした私に質問返しをしてきた。はっ。しまった、ピンチだ。

「ええと、源氏物語が好きな人の手紙に、そう書いてあったものですから」

ご、……ごまかせただろうか？　いや、嘘じゃないけど。

そうでしたか、とガイドさんは女神の如く微笑んだ。

その手紙の人が明智光秀さんだということは、どうにもそう……口に、したくなかった。なにせ私は本能寺の変のために源氏物語ツアーに参加している場違い女。ただただ祈った。どうかもうこれ以上踏み込まないでください。その手紙の人が明智光秀さんだと答えたら、絶対あなたと気まずくなります。

——祈りは通じた。

ガイドさんは、これ以上私に質問をしないでおいてくれたのだ。許された……。私は全身全霊で安堵し、ガイドさんの御心《みこころ》に感謝すると共に確信した。

光秀は、源氏物語をガッツリ堪能していたと！

　あなたを誘って来れば良かった。

あんなことまで言っていた光秀。

それはまるで、観光のついでに戦をしに行く心づもりではあるまいか……！

人丸塚と知るまでは

人丸塚はどこですか？ 問うと、おっちゃんは少年のような顔をした。

「そんなことを聞かれたのは、はじめてだ！ いや、嬉しいね！」

目の奥に光が見える。この瞬間のおっちゃんを漫画で表現したならば、キラーンという擬音が付いていただろう。

この反応は……よかったビンゴだ。

「人丸塚、知ってるんですね！」

「うんうん、知ってる知ってる!! ええとこに隠してるで～！」

どおりで全っ然見つけられられなかったわけだ。よかった……私の背後で弟もつぶやいている。

時を少し戻して、ここは明石城の敷地内。明石公園である。

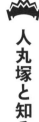

恥ずかしいことに、明石で生まれ育ったにもかかわらず、光秀に指摘されるまで「人丸塚」という史跡の存在を知らなかった。

本当に恥ずかしい。一刻も早く人丸塚を確認し、明石出身歴史オタクとしての責務を全うせねばなるまい。

「ない」

弟がボソッと言った。

「なにが」

「人丸塚の案内がない」

バカな。明石城内にあるはずなのだ。探すのだ。

「こっちはただの藪《やぶ》だった」

弟が淡々とした様子で茂みから出てくる。

私が見ているこれは、ただの岩だ。

人丸塚と言うからには、ちょっと土がコンモリしていたり、石碑的なものが置かれているのかもしれない。私たちは明石城内の茂みや石を手当たり次第に探っていた。く、こんなことで手間取るとは。

「ミーちゃんって有名人なはずなのに、全然もてはやされないよね。せっかくここ来て歌まで詠ってくれたってのに」

明石公園地図。う〜ん??

「イメージ悪いからね」

弟が間髪入れずに言った。

「あ、それはあれか、ミーちゃんが裏切り者やからか。裏切ってないけども！」

そう、私はあの閃《ひらめ》いた夜からずっと、光秀はやってないというスタンスを貫いている。

どうして光秀が本能寺の変を起こしたのか？　これについては、今までさんざん様々な見解を見聞きしてきた。なのに未だ、納得のいく本能寺の変に出会えていない。もしやこれは、光秀がやったという前提が間違っているからではなかろうか？

光秀はやっていない、というスタンスで歴史を見たら？

誰かが真剣に、その可能性について考えてもいいような気がした。——そしてその誰かの登場を待つより、いっそのこと自分たちでそれをしてみたいだなんて、そんなことを思ってしまった。私の推察が間違いだったとしても構わない。違っていたなら違っていたで、違ってたねと笑えばいいんだ。

だけどこの時弟は、意外なことを口にした。

「あれから僕も、ミーちゃんがやったとは、もう思えなくなった……。そう考える方が腑《ふ》に落ちることが多いように思う」

「ええっ！　ホントに⁉」

私はちょっと感動した。私の推察が、弟の心を動かしたのだ！　早速調子に乗ろうとしたが、サクッと釘《くぎ》が刺される。

「でも、そう思ってるのはまだ世の中に、僕らだけだから」

世の中に僕らだけ。そ、そっかー、それは重たい事実だね。

光秀がやっていないということを、専門家でもない私たちが証明するなんてことは、まぁ普通に考えたら夢のまた夢のような夢だ。思わず遠いところを見てしまう。

「……あの草むらの中に、塚、あったりして」

「可能性は薄そうだけど？」

一応確認しとこうよ。ガサガサと分け入る……うん、ただの草むら。

「こうなったら人に聞く！」

自力での捜索を声高らかに打ち切った。それしかない、と弟も続く。

なんか負けた気がするんだよね……などと思いつつ周囲を見渡す。ってゆうか――、

「私らのおる、この奥の細道みたいなとこどこやのよ⁉」

「人っ子ひとりいないね……」


明石城周辺の大通りに復帰するも、行き交う人々は誰も人丸塚を知らなかった。

スタッフゥ〜。言いながら、櫓《やぐら》に近づく。あそこならガイドさんがい

どこ？

るかもしれない。そうしてついに見つけたのだ。

「お〜！ 人丸塚！ 案内しましょっ‼」

ビンゴ過ぎるおっちゃんを。

最初からそうすればよかったのに、という声がどこからともなく聞こえてくる。ち、ち、ち。それじゃイケナイ。

最初から誰かを頼ってしまったら、その人の知ってること以上のことには気づけなくなる。調べるときはあえて大外から。それが私の調査哲学だ。

だから今も、本能寺の変を解明する目的からするとあまり関係がなさそうな気がしなくもない、歌枕《まくら》を調べるという遠回りを、わざとしている。あぁわざとだとも！ 物事の本丸にいきなり飛び込んでも、我々のような素人が無数にある情報の中から妥当性のあるものを選び取ることは難しい。外堀から情報を拾い集め、情報を見極める能力を培《やしな》いながら、じわりじわりと本丸へと近づいていく……。

我ながら、自分の面倒くささには卒倒しそうになる。しかしどうだ、そのおかげで、私たちの知らないことを知るおっちゃんと出会えたありがたさに、傷み入ることができるというもの。感謝にあふれた人生って素晴らしい。

「そうかそうか！ それじゃ、お楽しみはあ・と・で。まずは明石城内を見てもらおうかな♪ おもしろい展示やってるからな〜！」

「行く行くぅ〜」

この遠回りも、きっと何かの糧《かて》になる。

おっちゃんオススメの展示を見ている間に、人丸塚の基本情報を伝えておきたい。人丸塚には、「歌聖《かせい》」とあだ名され歌詠み達のあこがれを集めていた人物、柿本人麻呂《かきのもとひとまろ》が祀られている。明石市の海岸一帯は「明石潟《がた》」と呼ばれ、ここも歌枕のひとつだ。柿本人麻呂はここで歌を詠んでいる。

▼アクセス **明石潟『郷土史事典兵庫県』**

ほのぼのと明石の浦の朝霧に
島がくれゆく船をしぞ思う

明石潟を詠うときは「朝霧」や「島隠る」などの語とともに詠まれることが多い。朝、霧がかかって、島、つまり淡路島が隠れていることが多いからだ。

ところが、光秀が見た明石潟はすっきりと晴れ渡り、淡路島までキレイに見渡せた。

夏は今朝　島がくれ行　なのみかな

島隠れする明石潟。

今朝は島隠れと詠まれることが嘘のように、淡路島が見通せますよと。

光秀の手紙には、洪水のため明石で一日逗留したとある。大雨の後だから、大気が洗われ霧が晴れていたのだろう。

「いつもなら、誰も要望しないところを、こっちが紹介したいからって勝手に案内するスポットでね……」

おっちゃんが満面の笑みでそう言った。

明石城の展示を楽しみ、いただいた歴代城主の一覧をバッグにしまう。

さぁいよいよだ。

「ここぉ!?」

それは、城、正確には櫓《やぐら》を出てスグの、ずっとすぐソコに見えていた植え込みだった。

何度も横を通っていた。こ、これが、人丸塚!! ▼アクセス **人丸塚**

「いやー私もね、ガイドやって長いけど、それでも今まで人丸塚を尋《たず》ねた人はいなかったからねぇ！　さぁ！　ぜひ見てやっておくれ!!」

うん、見てる、見てる。おっちゃん、私今日初めてこの植え込みがありがたい歴史スポットだって知ってすごく驚いてる。

ジャーン!

「気付かなかったでしょ？」

ニッカリ笑顔で嬉しそうに説明してくれたおっちゃん。

おっちゃんと私たちが見た明石潟の景色は、立ち並ぶビルによってずいぶんと島隠れしていた。写真を撮ったところでまー映えない。

でも、私ははじめて、景色を見て感動した。

明智光秀がここへ来たから、私たちもここへ来た。なんてことは……やっぱり言えなかったけど。もし言ったら、おっちゃんはどんな顔をしただろう。

光秀の名が何の差し障りもなく語られる日が来るといいのに。この日はいつもより強くそう思った。

人丸塚からの眺望（2019年撮影）。

▼解説 **『ラストサムライ』**

二〇〇三年のアメリカ映画。明治維新によって変革を余儀なくされた武士の生き様を、日本にやってきた一人のアメリカ人の視点で描く物語。

兵庫県姫路市にある書写山圓教《えんきょう》寺《じ》は映画撮影のロケ地のひとつである。

解説 **細川藤孝**

室町幕府の足利将軍家家臣として、十二代足利義晴、十三代義輝、十五代義昭に仕えた後、義昭と信長との対立の中で信長に従うこととなった人物。

もとは光秀の上官だったが、光秀が先に信長に従っていたことから、細川藤孝が信長に従った頃には光秀の立場の方が上になっている。

天正八年（一五八〇年）には丹後国（現在の京都府北部）を与えられた。

解説 **ルミちゃん**

底抜けのお人好しで、当時の役職名はリーダー。

上からの命令で就任させられていたとある喫茶店の店長を辞任したところ、代わりにリーダーという役職を与えられた。リーダーとは、店長以下の給料で店長同様の責任を負う役職である。

アクセス **書写山**

兵庫県姫路市書写二九六八（書写山圓教寺）

ＪＲ山陽本線姫路駅下車、神姫バス「書写ロープウェイ行」終点下車（約三〇分）、または山陽自動車道「山陽姫路西インター」からロープウェイ書写山麓駅まで向かい、ロープウェイにて山上まで約四分。

書写山。

ロープウェイ書写山麓駅に駐車場あり。

天台宗の修行道場として、また西国三十三観音霊場二十七番所として信仰を集める。

▼アクセス **生田川**

兵庫県神戸市中央区若葉通六（生田川公園）

新神戸駅から徒歩三分、もしくはJR、私鉄各線三宮駅から徒歩一〇分。

駐車場なし。

生田川伝説は万葉集にも歌の題材として登場していることから、元になった話はかなり古い。

國學院大學の『万葉神事語辞典』によれば、六甲山の麓にあった摂津の菟原《うなひ》という場所（現在の兵庫県芦屋市）にて、菟原に住む娘に菟原の男と和泉（大阪府南西部）から来た男が求婚したとする説がある。そして娘が自ら命を絶ったことから察するに、娘は他国から来た男の方を好んでいたが、村外婚の禁忌に触れるため自殺したのではないかとの見方もある。

生田川公園。

▼アクセス **生田森**

兵庫県神戸市中央区下山手通一
生田神社境内

ＪＲ、私鉄各線三宮駅から徒歩一〇分。
阪神高速神戸線、生田川ＩＣより約五分。
駐車場あり。

生田神社境内にある森で、平安時代の『枕草子』等、様々な書物に紹介されている。
源平合戦の際には平家の陣地となったことから、戦場としても有名。

▼アクセス **松風村雨堂**

兵庫県神戸市須磨区離宮前通一

山陽電車須磨寺駅から徒歩七分。
ＪＲ、山陽電車須磨駅から市バスで村雨堂下車すぐ。
駐車場なし。

平安時代、須磨にて謹慎処分を受けていた在原行平に「松風」「村雨」と名

生田神社境内。

松風村雨堂。

付けられた娘達が住んでいたとされる庵跡。

在原行平が都に帰った後、無事を祈るために行平の住居の側に立てたのが始まりとのこと。

アクセス　敦盛塚

兵庫県神戸市須磨区一ノ谷五

山陽電車須磨浦公園駅から徒歩三分。

阪神高速神戸線、若宮ＩＣより約五分。

駐車場あり。


源平合戦にて命を落とした平敦盛を供養するため、五輪塔が建てられた。

「信長さんだったら興味あるよね」

と、弟。

「……ん、なんで？」

追加解説　平敦盛と信長

永禄三年（一五六〇年）、今川義元を討つことになる「桶狭間の戦い」へ向かう際、信長が突然「敦盛」を舞ったという。

「人間五十年、下天の内をくらぶれば夢幻の如くなり、一度生を得て、滅せぬ者のあるべきか」

どうやら信長が舞ったのは「敦盛」の演目の中でもこの一節のみであったらしい。

ちなみに、信長が舞った時点で信長に従った軍勢は小姓衆五人程。最終的には二千人程集まるが、対する今川勢は二万五千であった（『信長公記』）。その戦力差は確かに、舞いたくもなる。

「信長さん、完全にお気に入りの歌だね」

弟のブラックユーモアは、基本的には私にしかウケない。だが私には大変ウケる。お、お気に入りって……！

我々も〝思いがけなく〟見物した

敦盛塚《あつもりづか》
右に曲がれば源平古戦場らしいよ？
いや、すぐそこに見えてる物を
撮っただけやし！
う～ん、進まんなぁ…
はらへった…
神輿《みこし》の通過待ち渋滞だった……。
今作った伝説だけど、ミーちゃんはここで兵を休めたという…。
ジー
当然、
ミーちゃんの奢《おご》りである。
グゥゥ

▼アクセス　**月見松（須磨離宮公園内の月見台）**
兵庫県神戸市須磨区東須磨一
山陽電車須磨寺駅、もしくは月見山駅から徒歩一〇分。
阪神高速神戸線、月見山ＩＣから約三分。
駐車場あり。

在原行平が須磨で月見をしたことにちなみ、須磨離宮公園にある月見台（展望所）の近くに月見の松跡がある。

▼アクセス　**蔦《つた》の細道（無量光寺）**
兵庫県明石市大観町一〇
山陽電車西新町駅から徒歩一〇分。
阪神高速神戸線から第二神明道路、大蔵谷ＩＣから約一五分。
駐車場なし。

▼アクセス　**つき島（明石港）**
兵庫県明石市中崎二

明石港。

阪神高速神戸線から第二神明道路、大蔵谷ＩＣから約一五分。

人工島の先端へ向かうと、対岸に灯台、旧灯台が見える。

▼アクセス　**明石潟『郷土史事典兵庫県』**

兵庫県明石市船上町七八三（望海浜公園）

山陽電車西新町駅から徒歩二〇分。
阪神高速神戸線から第二神明道路、大蔵谷ＩＣから約一五分。

▼アクセス　**人丸塚**

兵庫県明石市明石公園一
明石城跡敷地内

ＪＲまたは山陽電車明石駅から徒歩一〇分。
阪神高速神戸線から第二神明道路、大蔵谷ＩＣから約一五分。

明石城は元和五年（一六一九年）に、外様大名の多い西国への備えとして築城された。現在天守閣は残っていないが、本丸跡に残っている巽櫓《たつみやぐら》と坤櫓《ひつじさるやぐら》は国の重要

明石潟。

明石城。

文化財に指定されている。
初代明石城主は小笠原忠政。信長と家康の曾孫にあたる人物である。

第3章

それでもきっちり仕事はこなす！革新的な戦「神吉《かんき》攻め」

従う者

まるで、観光のついでに戦をしに行くようだった前章の光秀。

歌を詠み、あなたを誘って来れば良かったと手紙に認《したた》めながら行軍していた光秀からは、どうにも軍事行動中の緊張感が伝わってこない。


信長は大変気を詰めている。


そう手紙に書いておきながら……。

ひょっとして彼は、やる気がないのではないか？

まさか、本能寺の変を意識してワザと手を抜いているのでは？

……などという疑いの余地は、しかしながら全くなかった。なぜなら、その後光秀が見事に仕事を完遂しているからである。

それも、従来通りの方法で普通に勝利したのではなく、とても斬新な戦法を取り入れて勝利を収めていたのだ。

今回の目的地は、その斬新な戦法を取り入れて勝利した、兵庫県加古川市にある神吉城址《かんきじょうし》である。

と、告げられ、僕は当時の姉の愛車「コパン君」の助手席で揺られていた。▼解説 コパン君

姉は愛着のあるモノや馴染みの人に、名前やあだ名を付けたがる。元々の名前の原型が全く残っていないこともあるので、話を聞く側としてはたまに何の話題かわからなくなることもあるが、相づちの打ち方さえ心得ておけばご機嫌でしゃべっているからおおむね大丈夫だ。バレると怒られるが。

「なんと、史跡の近くにタイヤ屋さんがあるんだよ！」

この日、姉はなんとか口実をつけ、史跡と私用、二つの用事を一気に済ませようとしていた。

なぜ私用を入れようとしているのか、僕はわからなくもなかった。

そこに行っても〝なにもない〟可能性が高いからだ。

というのも、神吉城址について調べたところで、出てくるのは神吉城がこの辺りにありました、というザックリとした情報のみ。神吉城にまつわる痕跡や資料館といったものはない。行ったところでこれといった収穫もなく帰ってくる……というのが嫌だから、ついでに他の用事を済ませてしまいたいのだろう。

「だからね、タイヤ交換のついでに史跡へ！　ん？　史跡のついでにタイヤ交換、が正しいのかな？　ん？　どっちだろう？」

僕はそうやって数々の姉の用事につきあわされ、ふりまわされてきた。断る選択肢など、最初からないのだ。光秀の家臣達も、こんな感じで光秀の趣味に付き合っていたのかもしれない。もしもそんな家臣がいたとしたら、僕はその人にこの言葉を贈りたい。

どうせ行くなら楽しむべきだ。

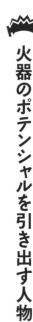

火器のポテンシャルを引き出す人物

光秀たちが神吉城を攻め落とすこの戦いは、俗に「神吉攻め《かんきぜ》」と呼ばれている。

作戦当初、光秀たちは力押しで神吉城を落とそうとしていたように思う。この城を攻めるのに、その時動員できる織田勢力のほとんどのメンバーをぶつけているからだ。

ところが、籠城する神吉城の面々は奮戦し、織田軍は多数の死傷者を出した。負傷した者の中には、僕が密かに推しているお気に入りの武将、滝川一益《かずます》もいた。

滝川一益は古くから信長に従っていた家臣で、忍者の里として有名な滋賀県の甲賀出身かもしれないというただそれだけの曖昧《あいまい》な情報から、忍者なのではないかと現代人に噂される、出自のハッキリしていない人である。そのうえ当時の記録を追ってみても、華々しい活躍は特にない。光秀と事務仕事を一緒にすることが多いかな、というくらいの、ハッキリ言って地味な人だ。

しかし僕は、いや、たぶん僕らは、そういう地味な補佐役が好きであった。一益のことを「カズマッサン」と呼ぶ姉も、彼には好感を抱いている様子だ。▽解説 **好感が持てる人、滝川一益**

さて、そんなカズマッサンも負傷して、織田軍は戦の方針を転換した。城の周囲に、高台や楼閣《ろうかく》を築きはじめたのである。そしてその上から大鉄砲（大型の弾丸を使用する火縄銃で、構造物の破壊に用いられる）を撃ち込んだのだ。この攻撃は、昼夜問わず約一ヶ月も続けられた。城の堀や櫓は破壊され、ついに神吉城は攻め落とされる▽出典1。

このような城の落とし方は、僕たちの知りうる限りでは聞いたことがなかった。

ちなみに、神吉攻めに信長は参加していない。つまり信長の主導で行った戦い方ではない可能性が高くなる。そうなると、この作戦を立てたのは誰かということになるのだが……、光秀なのかもしれないな、とは思ってしまう。

神吉攻めの六年前（一五七二年）、織田軍が敵対した浅井氏の本拠地（滋賀県小谷）を攻めた戦で、陸路から侵攻した信長に対し、光秀は「囲舟《かこいぶね》」という船を建造し、琵琶湖から敵地を制圧して回った▽出典2。

囲舟というこの船は、船縁に厚い板を立てることによって矢や鉄砲を防ぎつつ、積み込んだ火矢や鉄砲、大砲を用いて攻撃する戦闘船であったらしい。破壊力はあるが機動性に欠ける大砲の弱点を、船に搭載することで補ったのである。

今回の戦、神吉攻めは籠城戦なので機動力は必要ない。だから今度は「高台や楼閣」が築かれた。高い位置から砲撃することで、飛距離を伸ばしたり、敵の防御陣地を無視して、より効果的な攻撃を行うことができる。ここにまた、砲撃の有効性を高めるための工夫が見受けられる。

火器の性能を最大限に引き出すため、目的に沿った建築物を建造するこの戦闘法……。実は光秀には、火器の取り扱いに関する史料と、建築に手腕を発揮したという証言、そのどちらもがある。この作戦を立てたのが光秀なのかもしれないと思うことには、それなりの根拠があるのだ。▼解説 **火器と建築に関する史料**

平地の少ない日本で、防衛側ではなく攻撃側が建造物を建造する戦法は奇抜だったといえるだろう。

ところが、この戦いは全くもって注目されていない。

火器を用いた戦闘としてもっぱら注目されるのは、光秀が戦に出ている信長を心配していた一五七五年「長篠の戦い」である。▼解説 **実は心配しているだけでもなかった長篠の戦い**

大勢の織田軍が動いていて、革新的な戦法を用いていたというのに、信長が関わっていない神吉攻めは話題にもあがらないのか。

……。

そもそも、織田軍と戦った神吉城の城主、神吉《かんき》頼定《よりさだ》という人をご存じの方が、どれぐらいいるのだろう。

▼解説 神吉頼定

「数万の織田軍主力部隊を相手に、迎え撃った数千の神吉の人達って猛者《もさ》じゃない？　しかも、あのカズマッサンを負傷させたんだよ⁉」

あまり重視されず、まだ世間に周知されていないマイナーな戦。ニッチな世界を愛する姉が、妙に燃えていた。〝あのカズマッサン〟という評価が世間的に正しいのかどうかはこの際置いておくとして、どうやら姉のリスペクトは、神吉頼定のみならず、神吉に住む人々全てに向けられているようであった……。

滝川一益肖像画（あのカズマッサン）。

未知なる神吉

コパン君が加古川に架かる橋を渡っていく。

一級河川と書かれた看板がまぶしい。

「一級河川って、なんか興奮しない？」

唐突に姉が言う。

「まぁ、他の川と違う特別感はあるよね」

このように答えておくと、そうだよねぇシューちゃんもそう思うなんて気が合うなぁ！ と姉のテンションは上がる。「一級河川」という看板にこんなに喜ぶ人がいるのなら、看板もそこに刺さったかいがあって良かったと思う。

おや……田んぼの中に何か見えたような……。

猛者の証《あかし》。

「ねぇ、ひょっとして、アレ？」

僕たちは田んぼの中にぽつねんと佇《たたず》む、タイヤ屋を発見した。

「見てみ……やっぱり神吉のヒトは豪傑ぶりが違うで」

老夫婦の営む小さなタイヤ屋で、タイヤ交換を待つ。その間、姉が興奮気味のヒソヒソ声で話しかけてきた。見ると使い込まれたダンベルが無造作に置いてある。

車内から加古川を望む。

「あれも、見てみ。さすが神吉のヒトやで……」

見ると、ゴルフの打ちっ放しセットがある。

いやいやそれはあからさまな暇つぶしセットだろう。

「的が近すぎる。ただ者じゃないで……」

姉はひたすら感心していた。

大量に積まれてあるタイヤの山から目当てのタイヤを掘り出し、転がし持ってくるおばあさんの姿が逞《たくま》しかったのは事実だが。

タイヤ交換後、ひょっとしたら神吉頼定の遺伝子を受け継いでいるかもしれない老夫婦（姉の談。根拠はない）に、この辺りの史跡について聞いてみた。

「この辺は何もないよ」

とおじいさんは言った。

「有名な場所とか、知りませんか？」

「人殺しのあったとこなら知ってるけど」

おばあさんが言う。

「えっ、いつですか⁉」

姉はなぜかくいついた。

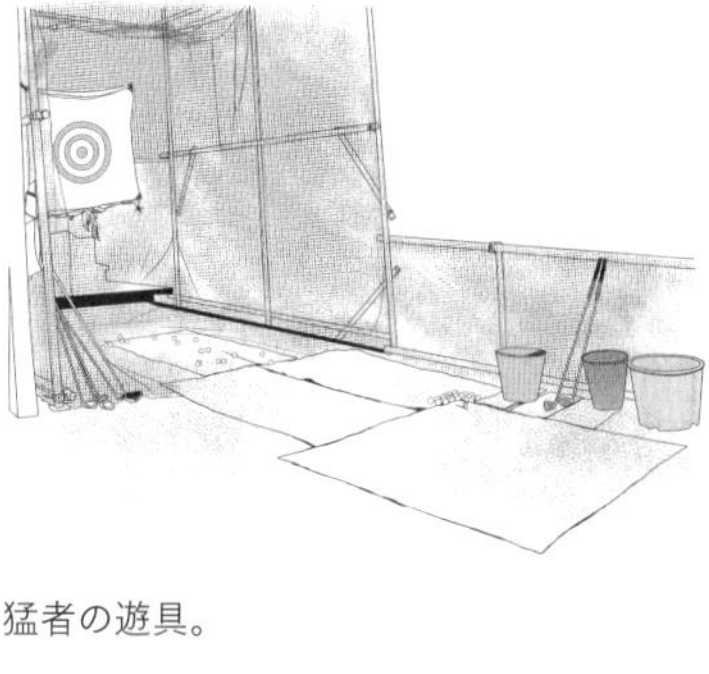

猛者の遊具。

「七年くらい前かな」

四百年前（神吉攻めのあった頃）じゃないのか……と、姉はガッカリしたという。世の中の人は姉のように、暇さえあれば四百年前のことを考えているわけではない。というか、ごく最近そんなことが……物騒だ。

「おいたわしゃ〜……神吉のヒトは、自分が神吉のヒトであることを、もっと誇りに思うべきだ……」

姉のなげきを聞き流しながら、とりあえず、「常楽寺」に向かう。ネットの情報では、この辺りに神吉城があったという。地元の方の意識にも上らない神吉城の存在感の薄さに覚悟はしていたが、そこには神吉攻めに関する痕跡は本当に何もなかった。

ガッカリしながら帰路につく。途中、神社（おそらく八幡神社）があったのでお参りして帰ろうという流れになった。

神社のすぐ側には、公園があった。不思議な遊具が設置されている。

枝を四方に伸ばした木のようなシルエットで、枝の先にかろうじて両足を乗せられる程度の皿状の足場が、頂上と四方に高さを変えて備え付けてある。遊び方はよくわからない。

遊具を見た姉が言った。

長く、果てしなく遠い道(常楽寺)。

「登ってみて」

特に意味のない命令。面白いことに飢え始めているのだろう。登れば満足してくれるので、とりあえず登ってみる。

だが、登り初めてスグ、この遊具が非常に怖いものであることが実感できた。少し重心を動かすだけで、皿を支える細い支柱がぐらつく。折れてしまうのではないか、と不安に思いつつ、それでも恐る恐るなんとか頂上にたどりつく。

「写真撮ったろ」

そんなこととはつゆ知らず、姉は早くポーズを決めろと圧をかけてきた。

「これはヤバイ……ずっと立ってはいられない」

僕は即座に、この遊具の安全性に不安を覚えていることを告げた。

え、そんなに怖いの？　どれどれ〜！　姉が嬉々として登りはじめた。

「うわーっ！　確かにこれは、めっちゃ怖い!!　うわーっうわーはははは!!　早く写真撮って!!」

……楽しんでもらえて何よりである。

▼アクセス？ 謎の遊具があった公園

ひとしきり楽しんだ姉は、神吉さんの墓もないなんて絶対おかしい！　と騒ぎ始めた。

テンションが上がったことで、いろんな意味で元気になったと見える。そしてカーナビのないコパン君に積んであった地図を取り出し凝視しはじめると、常楽寺が近くにもう一ヶ所あることに気がついた。

どうやらこの辺りに常楽寺は二カ所存在していて、我々は神吉城とは無関係な方の寺を訪問していたらしい。

▼アクセス　常楽寺①

兵庫県加古川市東神吉町神吉にある「常楽寺（神吉城址）」は、神吉城本丸跡に建立された寺であり、二〇一四年の大河ドラマで黒田官兵衛が話題になった現在は、史跡マップや敷地内に案内板が設置されたりと少しばかりわかりやすくなっている。が、当時は手がかりが少なくたどり着くのは大変だった。

▼アクセス　常楽寺②

狭い通路の住宅街を抜けて常楽寺（神吉城址）に向かい、敷地内の墓地に着くと、神吉城主、神吉頼定の墓は堂々たる様子で鎮座していた。

神吉頼定の墓。

よかった、骨を折ったかいがあった……と、墓を眺めながら思う。そういえば、骨を折ったかいがあったとつぶやいたフィクションの光秀に、「誰が骨を折っただと!?」とフィクションの信長が言いがかりを付け暴力を振るうお約束の展開があったなと、思考が少し本能寺寄りに脱線した。

▼解説　お約束の展開

「神吉さんの健闘を称えて線香をあげよう！」

姉はカバンの中から「おでかけセット」と称して持ち歩いている線香を取り出している。

調査の一環で、墓所へ赴く機会は多い。既に見慣れた光景となっていたが、この線香、大抵カバンの中で湿気ており、ほとんどの場合火がつかない。ところがこの日は、珍しくしっかり火がついた。

「神吉攻めも、もっと評価されて、ブームに火がつくといいね！」

「うん」

自分たちが心動かされたことに、他の誰かの心も動かせたなら本当に嬉しい。僕たちはきっと、そのために光秀の足どりを辿《たど》る旅をしている。

「神吉攻め同好会を結成するなんてどうだろう？」

また姉が、突飛なことを言い出していた。

しかしそうだな……ついて行けば、なにか面白いことに突き当たったりするかもしれない。

それがたとえ茨《いばら》の道であったとしても……。

「じゃ、シューちゃんは副会長ね」

僕は、黙って頷いた。

ついて行くなら楽しむべきだ。

▼解説 **コパン君**

初代、姉の車。車種はパジェロミニ。

パジェロミニ↓コパジェロ↓コパン……に、男の子だから「君」を付けた、とのこと。男の子だったのか。

ちなみに、二代目姉の車は「マリン」という名前。だが、赤い。

▼解説 好感が持てる人、滝川一益

滝川一益は、古くから信長に仕えている家臣であった。

カズマッサンの家系

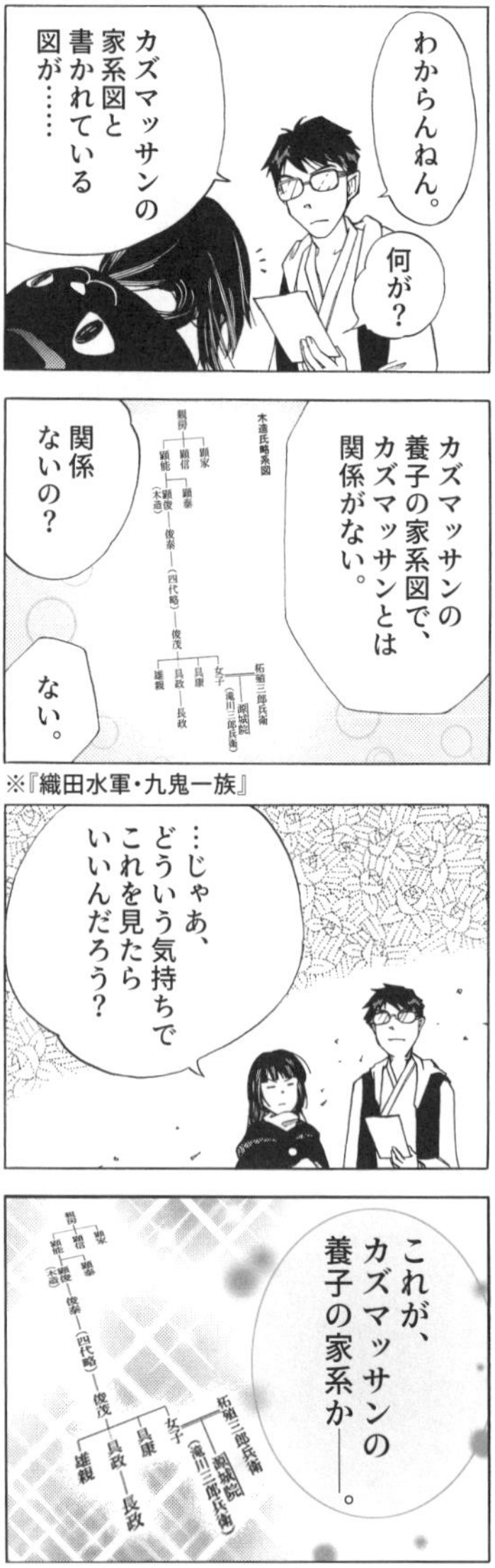
わからんねん。
何が?
カズマッサンの家系図と書かれている図が……
カズマッサンの養子の家系図で、カズマッサンとは関係がない。
関係ないの?
ない。
…じゃあ、どういう気持ちでこれを見たらいいんだろう?
これが、カズマッサンの養子の家系か――。

※『織田水軍・九鬼一族』

その人柄は誠実だったように思われる。

奥野高廣氏『織田信長文書の研究』によると、元亀三年（一五七二年）九月二十八日に、細川藤孝が革島《かわしま》氏に対して知行安堵の措置を行った際、滝川一益がその書類を紛失したため再度朱印状が発行されたことがあった。この時一益は、「面目を失った」と自分で述べている。面目というのは、世間に対する対面や名誉のことである。この時代の文献で、自分の非を自分で認める記述は非常に珍しい。己の落ち度をごまかそうとしない態度は好ましく、滝川一益の人となりを表しているように思う。

▼解説 火器と建築に関する史料

光秀の関係者とされる沢久太郎という人物が、火器に使う火薬の原料、塩硝《えんしょう》（火薬の材料）の調達を堺の商人に依頼している記録がある。三千～五千斤（一・八～三トン）という大量の調達依頼であった（『天王寺屋会記』）。元亀元年（一五七〇年）六月四日に秀吉が調達依頼をした際は、三十斤（一八キロ）と、仕入れの規模が違う（『大日本史料』）。

建築に関しては宣教師ルイス・フロイスの『日本史』に「光秀は築城のことに造詣が深く、優れた建築手腕の持ち主だった」とある。

▼解説 実は心配しているだけでもなかった長篠の戦い

この戦いで斬新だったのは、あったかどうかもわからない鉄砲の三段撃ちより、編成された織田軍の鉄砲隊が寄せ集めの軍勢だったことではないかと思う。

通常、各武将ごとに編成された部隊には、槍隊や弓隊もついてくるものだった。しかしこの時信長は、各武将たちの鉄砲隊のみを集め、数人の臨時の指揮官のもとで動かしたのだ（藤本正行『信長の戦争』）。集められた鉄砲隊の中には光秀の部下も加わっていたので（『多聞院日記』）、光秀は心配して待っていただけではないのである。

鉄砲を取り入れたことが斬新とされる長篠の戦いだが、鉄砲を取り入れた戦いについては二十五年前、十三代将軍足利義輝が三好一族との戦において使用していたことが確認されている（今谷明『戦国三好一族』）。しかし、義輝は敗北。従って、効果的な運用方法の考案は必須であった。

▼解説 **神吉頼定**

神吉《かんき》民部少輔《みんぶのしょう》頼定《よりさだ》。播磨国（兵庫県）の神吉城城主。羽柴秀吉が播磨国へ侵攻してきた際、別所長治に味方して織田軍と敵対することとなる。神吉城に籠城した頼定は激しい抵抗の末、討死したことが『信長公記』に書かれている。

▶はじめは名前すらわからなかった。

▽解説 お約束の展開

『祖父物語』という伝聞録に登場するエピソード。

天正十年（一五八二年）に武田氏討伐を果たした信長が諏訪にある法華寺に陣取った際、「このようなめでたいことはない、我らも骨を折った甲斐があった」と光秀が言うと、信長は「お前はどこで骨を折ったのか」と光秀の頭をつかみ欄干《らんかん》に打ち付けたという。

もちろん、史実ではない。

しかし司馬遼太郎の『国盗り物語』などの小説で採用されたため、広く知られることとなってしまった。

▼出典1

『家忠日記』天正六年（一五七八年）七月七日。

松平家忠が使者から聞いたことによると、播磨国神吉城を織田信忠、滝川一益、美濃三人衆、明智光秀、丹羽長秀が攻めたが、織田軍は多数の負傷者を出し、一益も負傷したとのことであった。


『信長公記』天正六年（一五七八年）六月二十六日。

（前略）神吉の攻め口について、南の方が手薄になっていることから織田信包《のぶかね》（信長の弟）が陣を寄せ、東は丹羽長秀と若狭衆が担当する。まず最初に城楼を二つ組み上げて大鉄砲を用いて攻撃し、築山を築いて陣地を広げていった。滝川一益も南方面から東に移動して攻撃し、こちらも城楼から大鉄砲を用いて掘や櫓を打ち崩し、櫓に火を付け焼き落とし、徐々に城に城楼や築山を近づけていきながら、日夜攻め立てた。

▼出典2

『信長公記』元亀三年（一五七二年）七月二十四日。

（前略）信長は林員清、明智光秀、猪飼昇貞、山岡景猶、馬場孫次郎、居初又次郎に海上から攻めるよう命じ、建造した囲舟で近江北部の敵地を焼き払った。また竹生島へも船を寄せ、火矢、大筒、鉄砲をもって攻め、近江北部の一揆勢を殲滅した。

▼アクセス？ **謎の遊具があった公園**

……本当に申し訳ない。どこにあったかわからない。

後日改めて訪れようとしたものの、何故か見つけることができなかった。

世にも奇妙な物語状態である。

ちなみに……、タイヤ屋さんも、今どうされているのかわからなくて戸惑っている。どなたか、教えてほしい……。いや、確かにあったはずなのだ……。

▼アクセス **常楽寺①**

兵庫県加古川市上荘町井ノ口一五八（日光山常楽寺）

JR加古川線　厄神駅から徒歩約三五分。

山陽自動車道　三木小野ICから約一五分。

駐車場あり。

真言宗系の寺院で、羽柴秀吉が三木攻めを行っていた際に石造物以外は全焼し

謎の遊具上でポーズを決めさせられる僕。

神社があって……それで、それで？

常楽寺①。

たため、延宝六年（一六七八年）に再建。

こちらは神吉城とは関係がない為、いくら探しても神吉頼定の墓はない。無数にある石碑を一体一体確認したので間違いない。

それはそうとして、趣のある寺であった。

▼アクセス　常楽寺②

兵庫県加古川市東神吉町神吉一四一三（法性山常楽寺）

ＪＲ神戸線　宝殿駅からバスで神吉停留所下車後、徒歩で約五分。
山陽自動車道　加古川北ＩＣから約一〇分。
駐車場あり。

浄土宗系の寺院で、「神吉の常楽寺」として観光案内には紹介されている。神吉城主であった神吉頼定のお墓はこちらにある。

車で向かうには細い道を通る必要があり、とてもスリリング。

常楽寺②。

あと59も魅力を有する加古川市。

マリン（赤色）。

コラム

あだ名

あだ名は、特定の人やモノに対する親しみの現れを示す場合と、それとは逆に、人をあざけってつけられる悪意あるものとがある。

信長の家臣で最も有名なあだ名の持ち主は、羽柴秀吉（後の豊臣秀吉）の「サル」だろう。

これは天正五年（一五七七年）三月十五日付、細川藤孝（解説は2章）に宛てた信長の書状で、信長が秀吉を「猿」と呼んでいるのを確認することができる▼出典1。本当にそう呼ばれていたのだ。

ところが信長は、サルというあだ名に飽きたらず、秀吉のことを「ハゲネズミ（禿鼠）」とも呼んでいたことが、秀吉の正妻である北政所《きたのまんどころ》に宛てた信長の書状から確認できる▼出典2。

北政所が秀吉を慕っていた場合、これは聞き捨てならないあだ名であるように思われる。が、わざわざ書状に書いてよこすぐらいだから、何かの折りに二人でそう呼び合ったことがあったのかもしれない。信長の書状には、ハゲネズミのくせに浮気をするとはけしからん、とある▼出典3。痛烈なあざけりだったのであろう。

光秀にも、信長に付けられたあだ名があるとされている。「キンカン頭（金柑頭）」である▼出典4。

これは、ハゲ。しかもツルツルのハゲという意味である。

しかし、この件に関して記してある史料は書状ではなく、雑話集の『義残後覚』と、『続武者物語』という物語だ。

とりとめのない話「雑話」と、作者の見聞や想像をもとに虚構として作られた「物語」。これらは普通、事実を裏付ける材料にはならない。

また、安部清哉氏「〈禿頭〉の語史と方言分布」によると、キンカンがハゲという意味で使われ始めたのは慶長年間（一五九六〜一六一五年）の西日本（播磨〜筑前辺りを中心とする）であったらしい。

そうすると、『義残後覚』や『続武者物語』ができた年代とは被るが、一五八二年に起こった本能寺の変によって、信長はその言葉を知る前に亡くなっている。

加えて、「キンカン」という言葉は信長の主な活動地域、京都・美濃・尾張では流行っていなかったそうだ▽出典5。従って、もし信長が生きていたとしても、その言葉を使用する可能性は低かったように思われる。

信長が生きていた頃使われていたハゲを形容する言葉は、「ハゲネズミ」にて示されている通り、「ハゲ」である▽出典6。

これらのことから、信長が光秀を「キンカン頭」と呼んでいた話については史実とは言い難い。

▽出典1
奥野高廣『織田信長文書の研究』

▽出典2
奥野高廣『織田信長文書の研究』

▽出典3
秀吉の正妻である北政所に宛てた信長の書状「羽柴秀吉室杉原氏宛消息」は、信長が天正四年（一五七六年）に安土城に移り住んだ後、北政所が信長のもとへ訪れた時の書状とされている。その際北政所は、秀吉の浮気について信長に相談をしていたようだ。
内容は次の通り。

杉原氏（北政所）のこの度の訪問と共に、その土産の数々に感謝の意を表します。祝儀として何かこちらからもお返しをと思いましたが、いただいた品々があまりにも素晴らしく、それに見合ったものをお渡しできないので、今回はやめさせていただきます。杉原氏は見目麗しく、以前お見受けした時よりもさらに美しくなっているのにもかかわらず、藤吉郎（秀吉）がしばしば不満を言うことは言語道断でとんでもない事であります。どこを探したとしてもあなた程の妻を二度とあの禿鼠（秀吉）が迎えることは難しいでしょう。

とはいえ（あなたも浮気されないように）やましいことを行わず、いかにも妻女らしく堂々としておき、仮初めにも嫉妬がましい素振りがあってはいけません。そうは言っても女の役目として言うべきことは言っておくのが良いですが、十のうちの七八分あたりで留めておいた方が良いでしょう。

なお、この手紙は羽柴（秀吉）にも見せるように。

書状には朱印も入っており、正式な文書の形を作っている。そのため、最後の一文がより重みを増す。

▼出典4
西ヶ谷恭弘『考証織田信長事典』

▼出典5
安部清哉「〈禿頭〉の語史と方言分布」

▼出典6
安部清哉「〈禿頭〉の語史と方言分布」

第4章

ウソみたいなホントにいた人……。光秀と歩いた、信長と吉田兼見の道

もういい加減ハゲ調査から離れたい。
根深そうだね。

証明、頑張った。

コラムにそえて

お疲れ。

大学帰りの弟が、第一級史料『信長公記《しんちょうこうき》』片手に自室に入り、床にて作業中の私を軽くねぎらった。

▼解説『信長公記』

『髪・顔事典』『髪の文化史』『国語語彙史の研究15「〈禿頭〉の語史と方言分布」』……並ぶ毛髪に関する資料。

「お姉さん……なに調べてるの?」

「ハゲに時間を費やしてる」

これを見てほしい(↓)。

「この肖像画はツルツルにハゲてない」

「うん」

「たぶんだけどツルッパゲじゃないって証拠がまず、一個ある」

「ある」

明智光秀肖像画。

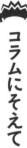

「だから、頑張れる」

「なるほど」

自分たちの信じる本能寺の変を見つけよう、そう言ったあの日から二年経った。私はアルバイトを辞め、占いだけを糧とする生き方になり、弟は大学院に進学し化学の研究室で学んでいた。その間私たちにとって本能寺の変は、趣味というより、もう生活の一部と化していた。

ある時弟が言った。

「僕はこれを、仕事だと思っている」

誰にも望まれていない〝仕事〟をなぜ私たちがしているのか。お給料など出ないどころか、あちこち行ったり資料を買ったり、持ち出しがかさんでかさんで仕方がない。これはいったい、何の時間なのだろう？　どこかで確実にそう思いながらも、本能寺を調べないではいられない。文献と向き合っていないことには気分が悪くなってしまう。特異な体質になってしまった……。

顔を上げれば、遥《はる》か遠くに本能寺が、あー……う〜ん、……まだ、よく見えなかった。

「そもそも、『あのお方』がミーちゃんに対して、失礼なことを言うわけがないと思うんだよね」

あのお方、というのは私がつけた信長のあだ名である。▽解説 **「あのお方」あだ名の由来**
二年の間に、信長もすっかり馴染みの人となった。天才、なんて言われちゃう、評価の高い偉人信長。ああいう華やかな人は好きじゃない、なんて思ってた、ひねくれ者の私たち。だけど信長だって、調べれば随分と〝思っていたイメージ〟とは違う人だとわかった。先程のコラムで紹介した、秀吉の正妻

（北政所《きたのまんどころ》）に宛てた書状（羽柴秀吉室杉原氏宛消息）を見ても、なかなかに女心のわかる人ではないか。

そうだねと、弟もうっすらと顔をほころばせ、話に乗ってくる。

「あのお方、ミーちゃんにも随分と気を遣ってくれているから」

光秀の変人ぶり、そして信長の心遣いについて話題にしている時間は、私たちにとって心和らぐ癒しの時間となっていた。

信長はいい主君だったと思う。少なくとも、光秀にとっては。

優しい信長

信長と光秀が亡くなる年、つまり本能寺の変があった一五八二年の、二人が亡くなる三ヶ月前（三月）に、彼らは関東を旅行している。▼解説 **関東旅行を決意する信長**
長野県諏訪市から静岡県富士市の根方街道へ至り、静岡県内を観光しながら信長の居城である滋賀県安土城へ戻る、という旅行であった。

この旅行に同行していた兵の多くが、綺麗に着飾った光秀の軍勢だったという▽出典1。

「ミーちゃん、オシャレして行ったんだね」

光秀がまた、私たちに新鮮な話題を提供してくれた。

「良いんじゃない、春だし」

弟もほっこりしている。

一同は雪の積もった見事な富士山を見物することができたようで、皆感動したと記録にある▽出典2。

特に信長は、「源頼朝に縁のある屋形」や、「今川氏の（おそらく館の）跡地」「人穴洞窟」「白糸の滝」や「千本桜」など、地元の名所や現地で気づいたことを質問したりして好奇心を満たしていたという▽出典3。

そんな中、信長一行は「興津《おきつ》白波《しらなみ》」や「田子《たご》の浦《うら》浜《はま》」といった、百人一首に詠まれた名所も見ていたこ

人穴洞窟。

▷アクセス **人穴洞窟**

白糸の滝。

▷アクセス **白糸の滝**

富士山。▷アクセス **富士山**

とがわかっている▼出典4。

この感じ、おわかりだろうか？

そうこれは、光秀が好きそうな名所である。

そういえばこの旅行には、オシャレした光秀の軍勢がぞろぞろ同行していたという。まさかとは思うが……。

「もし、これがもしミーちゃんの趣味につきあってあげた行き先だったとしたら、あのお方優しすぎない？」

いやぁ〜つきあってあげたんじゃないの？　と弟。

「だってあのお方が歌を詠んでるの、僕は聞いたことがないし」

「たしかに……」

信長がどの程度歌の名所に興味があったのか、私たちにはわからない。▼解説 **詠う信長**
しかしこれだけはハッキリ言える。

光秀は、絶対に百人一首に興味がある。

淡路島かよふ千鳥の鳴くこゑに

幾夜ねざめぬ　須磨の関守

これは光秀が茶会を主催した際、床の間に飾っていた百人一首の和歌である。百人一首の選定者、藤原定家の色紙を飾っていたことも、定家の所持していた文台や硯《すずり》を飾っていたこともあった ▼出典5 。

きっと絶対、百人一首が好きである。

わたの原　漕ぎ出でて見れば　久かたの
雲ゐにまがふ　興津白波

田子の浦に　うち出でてみれば　白妙の
富士の高嶺に　雪は降りつつ

喜んだだろうな、光秀。

「あのお方は、優しい」
「優しい。あのお方は」

興津白波。▶アクセス **興津白波**

田子の浦浜。▶アクセス **田子の浦浜**

ありがとうがいっぱい

私たちは語り継ぎたい。

信長が、いつだって光秀思いであったことを。

丹波攻略で光秀が裏切りにあって負けた時、信長は「なんとも気の毒だ」と嘆《なげ》いてくれて、裏切った者たちを討伐すると力強く公言してくれた▽出典6。

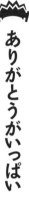

その後攻略に成功した時には、光秀を賞賛するためわざわざ光秀の元へ出向いてくれた▽出典7。

光秀が敵勢一万五千に囲まれ死にそうになった時は、たった三千の兵で命がけの総攻撃を仕掛け助けてくれた▽出典8。

光秀が病気の時は、使者をやって見舞いに来てくれたし▽出典9、仕事をねぎらって香木《こうぼく》を贈ってもくれた▽出典10。

家臣を叱る時は、「光秀は天下に誇れる働きをした」と引き合いに出し▽出典11、家臣が謀叛をした時は、一族郎党その関係者に至るまで処刑したにもかかわらず、謀叛人の息子と結婚していた光秀の娘だけは許されて、それどころか再婚までさせてもらえた▽出典12。

光秀が何かすると、信長は誉めてくれた。光秀が手紙を出せば、「状況が目に見えるようだ」と誉めたたえ▽出典13、イベントを企画すれば、「素晴らしかった」と賞賛し▽出典14、ゲストをもてなすために調達した什器《じゅうき》を見て「比類なき物」と絶賛した▽出典15。

細やかな配慮もしてくれた。茶が好きだった信長に影響され、光秀も茶会を始めた時には、信長は様々な道具や食材を提供してくれた▽出典16。▽解説 **茶を好む信長**

なにより、信長は自分自身を差し置いて、光秀に国と城を与えてくれた▽出典17。

一国の半分以上の収入に相当するという、比叡山の全収入をも与えてくれた▽出典18。

だから光秀だってこう言っている。「瓦礫《がれき》の様に価値なく落ちぶれていた身の上だった自分を、信長が取り立ててくれた」と▽出典19。

光秀は、信長のおかげで異例の出世をした人なのだ。

光秀について知るほどに、信長が光秀にとって〝いいひと〟だったとわかっていく。

逆に、光秀が信長にパワハラされて辛かった的な証拠史料を見つけることが全然できない。今まで見聞きしていた信長と光秀の確執とか、憤《いきどお》りとか、本能寺の変の原因ともなり得る負の感情が芽生えたとする話は全て、二人が亡くなった後に作られた二次創作だったのだ（詳細はコラム「本能寺の変×百」及び9章にて）。

だから実際のところ信長が、光秀に裏切られる筋合いなどこれっぽっちもないと思う。

ウソみたいな人

一方、信長がこれだけ手厚く光秀を取り立てているのはなぜだろうか。結果論ではあるのだが、光秀が残した実績からそれを察したい。

まず、建築に明るかったという光秀が信長に仕えてほどなく建てた坂本城は、光秀自ら設計したとされている。できあがったのが日本一豪華な湖上の城――。この斬新な建築様式は「水城」という新しい城のあり方となり、以降、城は見栄えが意識されると共に堀（水）を備えるようになる。光秀の建築は後世に影響を与えたのだ。

また武将としても華々しく活躍した。丹波攻略を成し遂げた光秀は、横領されていた天皇の直轄地を取り返すことにも成功している。それによって天皇から、感状・馬・鎧・香袋の褒美を与えられた。天皇から直接褒美を賜ることは極めて異例で、大変誉れ高い評価を得たといえるだろう ▼出典20 。

この他にも、十三万〜二十万人にも及ぶ観客を動員した、「馬揃《うまぞろ》え」という織田軍の軍事パレード。この催しが行われたきっかけは、光秀が正月に企画した「爆竹」という催しが素晴らしかったという噂を聞きつけた、天皇からの要望だった。要望に応えるかたちで光秀が主体となって実施した馬揃えもまた大当たりで、何度もアンコール公演を行っている。光秀には、企画力、実行力も備わっていたのだ。

▼解説 馬揃え

そのうえイベントに伴い予想される混雑に先手を打って、女性専用シートを設置するなど、ごく普通に女性への心配りができる人であったから、光秀が病気になった時など、病気平癒のために祈りを捧げんとする女官たちが出現している。▼解説 女性専用シート ▼解説 祈りを捧げる女性たち

なんなのだこの輝かしさは。

「ミーちゃんて、おかしいよね」

私たちは信じられる本能寺の変を見つけたいのであって、光秀の尊さを証明したいわけではなかった。

「作り話じゃないはずなのに、凄いことをやっている」

弟も、真剣な無表情でそうこぼした。

事実は小説より奇なり。

そんな言葉があるが、まさにその通りだ。

最近発見された史料では、光秀が医学にも明るかったことが判明している。なんかもう、笑えた。

▼解説 光秀は医学にも詳しい

光秀は、ウソみたいに有能な人だったのだ。

嫌すぎる後輩

ところが、光秀の同僚たちは、光秀のことが全然おもしろくなかったらしい。……まぁ、そりゃそうだろう。やっかまれるのは目に見えている。▼解説 同僚からの酷評

最も大きな問題は、光秀が新参者だったという点だ。

「十四年だよ⁉」

光秀が信長と一緒にいた時間は、結局、たった十四年だった。

あの光り輝く出来事が、たった十四年の間に起こっていたのだ。

信長も、古くから仕えていた家臣たちの気持ちに配慮して、少しは光秀の活用を自重《じちょう》すればよかったのかもしれない。しかし恐ろしいことに、光秀は有能なだけの人材ではなかった……。

信長からの親愛の情を得るために、絶えず信長を喜ばせ続け、信長の嗜好や希望にかなうよう心

掛け続け、信長が自分の働きを認めてくれた時は喜びの涙を流し、信長への奉仕に不熱心な者を見た時には落胆の涙を流した。

（宣教師ルイス・フロイスの見聞きしたことを書いた『日本史』より）

そんな家臣だったのである。

「ミーちゃん泣くってさ」

「そ、そのようだね……」

同僚からすると、そこがまた光秀の嫌なところなんだろうな〜と、察するに余りある。

でも信長からすると、卓越《たくえつ》した家臣だったことだろう。こんなにも全身全霊で自分のことを想ってくれているのだから。ついつい便宜を図ってあげたくもなる。君が喜んでくれるなら、そうだ、田子の浦へ行こう！

そう思わせるだけの〝不思議な器用さ〟を、光秀は身に備えていた。

弟が、これまた『日本史』に書かれている一節を引用した。

「言うねぇフロイス。悪意に満ちた誉め言葉だよ」

いや本当に、そう書かれてあるからちょっと見てほしい▽出典21。

ありがとう、吉田兼見

さてそうなると、例えばこういうことが起きる。

ある時光秀は、「吉田山に（信長が住む）屋敷を構えてはいかがでしょう？」と提案をした。

光秀が指定した「吉田山」には吉田神社があって、そこの神主が、これまでもちょこちょこ登場している光秀のご友人、吉田兼見なのである。

すごい提案だなと、私は思った。友だちと上司をひとっ所にまとめようというのだから。そして光秀にとってそれが嫌じゃなかった——ということは、光秀は本当に、信長を慕《した》っていたように思える……。

だけど残念なことに、この案には織田家のみんなが反対した。

「なんとカッちゃん（柴田勝家）もカズマッサン（滝川一益）も反対したし、タンバさん（丹羽長秀《にわながひで》）とサル（羽柴秀吉）も、当然反対。それにユーカン（松井友閑《ゆうかん》）も勇敢に反対して、あと前波七郎兵衛尉って人も反対したんだって」▼解説 柴田勝家・丹羽長秀・羽柴秀吉・松井友閑
「前波七郎兵衛尉もか……、知らん人だけど」

「そう。誰？　調べといて。あ、それで当然のことだけど、肝心要のカネミン（吉田兼見）も、やっぱり反対してる」▼解説 前波七郎兵衛尉

「だろうね」

「だってずっとあのお方が側にいるんでしょ？　気ぃ遣うよね〜。そんな面倒くさそうな提案、カネミンは嫌がるに決まってる」

カネミン、もとい吉田兼見という人の動きを見ていると、できるだけ気楽に暮らしていたいという心理が随所に見て取れる。

一五七五年、信長が領地の中の主要な道を整備することを決めたとき、大規模な工事だからと京都にいる公家たちも動員された。吉田兼見も約一キロ分の道路整備を担当させられたのだが、直ちに免除をお願いしている。

しかしあえなく却下され、しぶしぶ開拓した道がこちら。

▼アクセス　**今道**

できあがった「今道」を信長がさっそく利用した際には、吉田兼見は息子の満千代を連れて出迎え、上機嫌の信長から餅《もち》をプレゼントされている。

話を信長の移住に戻そう。

ほとんどの織田家臣が反対した、光秀の思いつ……提案。ところが、これだけの反対意見があるにもかかわらず、信長は光秀にビシッと言わなかった。「他の者の意見も聞いてみて、それから判断しよう」みたいなことを言ったらしい。

現代の府道30号線から見える絶景。当時は「今道」などと呼ばれていた。

なんにせよ信長は、光秀の意見を頭ごなしに否定したりなどしないのである。だから提案を不採用にするにしても、自分ではなくみんなが反対するからさー……という感じに、話をまとめようとしていた。そして反対している人たちに現地調査までさせて、それでもみんなが反対したから仕方ないんだ、ホントごめんね？　ってなかたちで光秀の提案を不採用にしている▽出典22。

「あのお方に気ぃ遣わせて、織田軍の皆さんのお手も煩《わずら》わせてしまうとは、なんか申し訳ないねぇ……」

「優しい人だよ、光秀には」

弟に皮肉を言われながら、私たちも、そんな現地を見に行った。

「ここがミーちゃんの親友、カネミン家か」

吉田神社である。信長を敷地内に住まわすという案が廃案になったため、ここに信長邸が残ることはなかった。▽アクセス 吉田神社

「ホッとしただろうね……」

弟も、感慨深げに神社を見回している。

「カネミン、馬揃えの時も必死だったよね～」

あれは一五八一年のこと。先に紹介した織田軍の軍事パレード馬揃えに参加しないかと、光秀から招待状が届いた。吉田兼見は早々に光秀に会いに坂本城へ赴き、これは強制参加なのかと切り出した。

それを聞くためにに、わざわざ早朝に家を出て、坂本城まで……。

吉田神社。

「カネミンて、実は行動力あるよね？」

「電話ないからね」

弟の即レス。まぁそうか。

そして光秀が自由参加であることを告げるやいなや、吉田兼見は即刻不参加を表明。しかし、この態度がもし信長の癇《かん》に触ったなら、その時は信長への取り成しをお願いしたい……ということまで光秀に頼んでいる。光秀はサラッと了承したようだが、その後もしばらく、自分の不参加で何かもっと面倒くさいことが起こりはしないかと、兼見は気が気でない様子だった。▼解説 吉田兼見の気が気でない様子

幸いにも、その後面倒くさいことは起こっていない。むしろその馬揃えを観客として見に行った吉田兼見は、催しの見事さにめちゃくちゃ感動している。▼解説 その日の日記

このように、ときに光秀の働きかけに翻弄されながら、それでも光秀と密につきあってくれていた、吉田兼見。

そんな吉田兼見に、私たちの感謝の念は堪《た》えない。

私たちが当時の光秀の動きを追うことができるのは、吉田兼見が光秀のことを、事細かに自身の日記『兼見卿記』に書き残してくれていたおかげだ。

ほんとうに、事細かに。

天正九年（一五八一年）二月一日、兼見が京都の川原を歩いていると、坂本へ帰る途中の光秀と偶然出会う。二人で白川まで雑談しながら共に歩き、それぞれの帰路に着いた（『兼見卿記』）。

何気ない日常の記録ほど、その人が生きていたというリアリティーを感じさせてくれるものはない。

「カネミンの日記は、かけがえのない史料だよ。はい、じゃあこの辺で手を振ろう」

私たちが京都を雑談しながら歩いて、白川でじゃあねするシーン再現ごっこに興じることができるのも、吉田兼見のおかげである。

▽アクセス **『兼見卿記』天正九年（一五八一年）二月一日**

けれどそんな充実した二人の日常も、本能寺の変が起こって、その後光秀が「山崎の戦い」に負けたことで、サヨナラもなく終了した。▽解説 **山崎の戦い**

光秀が負けたものだから、親友の自分のところに光秀が、明智軍が、逃げ込んでくるかもしれない。

そう思った吉田兼見は、

自宅の門を固く閉ざした▽出典23。

白川。この辺りでバイバイしたのかな。

「ええぇ、そっち（閉）!?」

私たちは息をのんだ。

けれど結局、誰も吉田兼見の元へ来なかった。

「……うわ～……（泣）」

誰も来ないというぐらいだから、吉田兼見のところへ行かないようにと、光秀が指示を出していたのかもしれない。

憶測だけど。

そして憶測だけど、それがもし、友人に迷惑がかからないように、とかだったらけっこう切ない。

あとは別の感じの憶測だけど、吉田兼見に迷惑がかからないように光秀が門を固く閉ざすよう指導していたとしたら、なんか、熱い！　まぁこのあたりの真相は史料がないので妄想でしかないのだが。

とにもかくにも、固く門を閉ざされたとしても！　それでも私たちは吉田兼見に感謝している。

この頃また、未来の人たちに向けてとてつもなくありがたいことをしてくれたからだ。

大変不自然な感じに日記を残してくれたのだ。

それは本能寺の変の起こった年から始まって、光秀の敗戦が決定的になるあたりまでの日記なのだが、吉田兼見はなぜか同じ日付の日記を二冊、残してくれている。

絶対おかしい……！

何も知らない無知な私たちだって、〝変だな？〟と思うことができた。

当然、二冊の日記を読み比べたりしてしまう。すると片方の日記には、光秀と信長、二人と親しくしていた記録がやんわりと消去されていることがわかった。▽解説 二冊の違い、事例

光秀と仲良しであることを隠したいのは理解しやすい。しかし、信長とも仲良くなかったことにしたいのはなぜだろう？

——そう考えたとき、行き当たる理由はひとつだ。信長亡き後政権を握った者が、信長に批判的だった——ということである。

当時、日記などの記録物は、今のように個人的なものではなかった。

子々孫々受け継がれていく公的な記録だったので、受け継ぐにあたってマイナスになるようなことは書けない▽出典24。つまり、光秀が亡くなった後になっても、信長と親密だったと思われるのは吉田家にとって不都合なことだと判断されていたことになる。

そうであるならつまり、少し……ややこしいのだけれど、「信長の仇《かたき》！」などと言いながら光秀を

やっつけた人たちは、信長のことが嫌いだった、となる。

このことは、自分たちの信じられる本能寺の変を見つけるにあたって、後に大きな手がかりとなった。

だから。


ありがとう、吉田兼見。

解説 『信長公記』

信長の側近、太田牛一によって書かれた、信長の生涯を記録した信頼性の高い一級史料。信長の活動記録を調べる際に、まず初めに目を通す史料である。

当時まだ大学生だった弟が、大学図書館の書庫にあったこの本をあまりに頻繁に借りるので、大学側がこの本の貸し出し管理を手書きの図書カード方式から自動処理のできるバーコード方式に切り替えたという超個人的な思い出がある。そんなわけで、弟のカバンにはいつも『信長公記《しんちょうこうき》』が入っていた。

解説 「あのお方」あだ名の由来

本能寺の変解明のため、調査の一環として取り組んだテレビゲーム、コーエーの『戦国無双2』。そこに登場する光秀が、信長を遠回しにそう呼んでいたことに触発されたあだ名。

この他にも、『決戦3』『戦国BASARA』など、本能寺の変を扱った様々なエンターテイメントを調査した。

最終的に光秀が巨大な蜘蛛《くも》の化け物と化し襲いかかってくる『戦神《いくさがみ》』など、笑撃的なビックリ本能寺の変も、ゲームの世界では大いに楽しめる。

マゾゲー　～神童を狂わせた投げ出したくなるゲーム～

『戦国無双』(2004)を
調査する弟。
どーしたぁーー!?
理不尽!
かつて、親戚のおじさんに
「アクションゲームの神童」と
呼ばれていた男の今。

解説 関東旅行を決意する信長

天正十年（一五八二年）三月八日、柴田勝家に宛てた信長の書状に、信長の嫡男、織田信忠が武田勝頼に対して優勢であることから、信長自身が出陣する必要はなくなったけれど、今まで関東を見物したことがなかったので、これを良い機会として関東へ足を運ぶことにするとある（奥野高廣『織田信長文書の研究』）。

この書状の内容から、信長は観光を兼ねて甲斐国（山梨県）へ向かったということがわかる。

解説 詠う信長

信頼性が低い史料『甫庵《ほあん》信長記』に、詠う信長のエピソードがあるにはある。

京都に上洛した信長を迎えた連歌師の里村紹巴が、二本の扇子を献上しながら「二本手に入る今日の悦《よろこび》」と歌ったところ、信長がすかさず、「舞遊ぶ千世万代の扇にて」と歌を返した。

これを見た京都の住民は、武勇だけでなく教養もある信長に安心したという。

他の史料では確認できない話であることから、著者小瀬甫庵《おぜほあん》の創作だと考えられる。

解説 茶を好む信長

『兼見卿記』や『日本史』に、信長は酒を飲まないとある。下戸《げこ》だった可能性が高い。

当時の下戸というのは、酒豪ではないという意味合いなので、飲酒不能者かどうかまではわからないが（奥野高廣『戦国時代の宮廷生活』）、少なくとも信長が酒を好んでいなかったことは確かである。

酒を楽しまない信長は、代わりに茶を好んで飲んでいた。そうであるから茶道にのめり込み、茶道を広めるに至ったのだ。

にもかかわらず、本能寺の変を扱った歴史物語の世界では、酒の席で信長が光秀に酒を強要するなどして絡み、恥をかかせて暴力を振るうという流れをよく見る。勿論信頼できる史料にそのような記録はない。

それでもなおこのような作り話が横行するのは、何らかの明確な理由をもって本能寺の変が起きなければ読者が納得しないからだ。しかし、言い換えるとそれは、この様な作り話をでっち上げでもしない限り、信長と光秀の間から本能寺の変を起こす理由を見つけることができないということである。

理由を聞かせて

この本読んだよ。
うーい。
で、その本の本能寺の変はどうだった？怨恨説？野望説？
説はない。
ええっ⁉
説がないなんてどーゆーこと⁉
言い訳くらい聞かせてよ‼
時代の必然。以上。

※本能寺の変が載っている本を100冊ほど読んだ所、説としては8種類くらいありました。

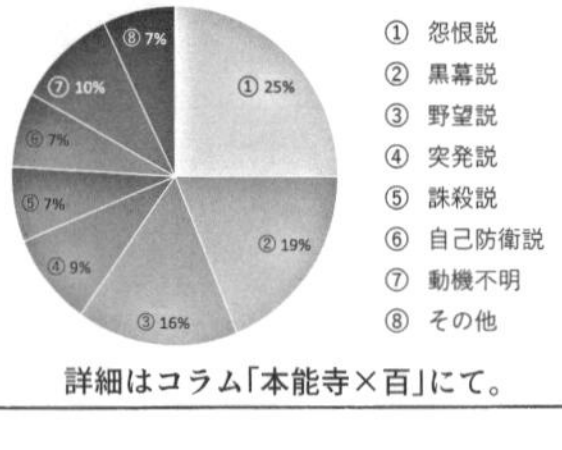
① 25%
② 19%
③ 16%
④ 9%
⑤ 7%
⑥ 7%
⑦ 10%
⑧ 7%
① 怨恨説
② 黒幕説
③ 野望説
④ 突発説
⑤ 誅殺説
⑥ 自己防衛説
⑦ 動機不明
⑧ その他

詳細はコラム「本能寺×百」にて。

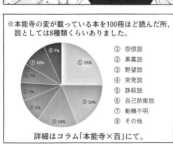

▼解説 **馬揃え**

天正九年（一五八一年）正月十五日、光秀が企画し安土で開催した爆竹（左義長）の出来の良さが評判となり、天皇（正親町《おおぎまち》天皇）より京都での実施を要望され、改めて企画された催し。

内容は織田軍の軍事パレードのようなもので、会場設立に至るまで光秀が責任者として取り仕切った（『立入左京亮入道隆佐記』『兼見卿記』）。

▼解説 **女性専用シート**

各地から多くの見物客が訪れることを見越した光秀は、会場北側に高位の貴族たち、南側には女中衆専用の仮設の建物を設置。一段高い場所から見物できるようになっていた（『兼見卿記』）。

▼解説 **祈りを捧げる女性たち**

天正四年（一五七六年）五月二十四日、光秀の女房衆（女官）が、光秀の病気平癒の祈祷を吉田兼見に依頼している（『兼見卿記』）。

▼解説 **光秀は医学にも詳しい**

二〇一八年、医学に関する光秀の口伝《くでん》を記した書状が発見された（熊本県立美術館『細川ガラシャ』）。

▼解説 **同僚からの酷評**

宣教師ルイス・フロイスの『日本史』より。

「殿内にあって彼は余所者《よそもの》であり、外来の身であったので、ほとんどすべての者から快《こころよ》く思われていなかった」

▼解説 柴田勝家・丹羽長秀・羽柴秀吉・松井友閑

柴田勝家

信長家臣として数々の武功をあげ、北陸方面の軍を任される。

内政にも力を発揮し、宣教師が勝家の治める越前国を訪れた際には信長同様手厚くもてなし、海外の情勢について熱心に質問したようだ。また「信長と同内容のテーマ」について話し合いも持たれたようで、勝家が信長と意を共にし、海外への関心を持っていたことがわかっている（ルイス・フロイス『日本史』・福井県立一乗谷朝倉氏遺跡資料館『戦国時代内と外』）。

そんな彼を我々はカッチャンと呼び親しんでいた。姉曰く「ちゃん」は敬称なのだとか。

丹羽長秀

軍功自体はあまり目立ったものがないが、城や船の建造など、工作関係で大いに活躍している武将。

どういう訳か、彼の名前はよく誤記される。「丹波長秀（丹羽の間違い）」、また官職名で呼ばれる際も「惟任《これとう》長秀（惟住《これずみ》の間違い）」と書かれるなど。逆に、惟任の官職を持つ光秀が惟住と誤記されるケースには不思議と遭遇しない。

従って、タンバさん、というあだ名には若干の皮肉が込められている。

羽柴秀吉

信長に仕え、後に天下人として関白の位まで上り詰めた人物。

本能寺の変が起きるまでは中国方面の攻略を行っていたが、政変が起きたと同時に京都に引き返し、光秀を破る。その後次第に力を増していった秀吉は、柴田勝家や織田家の一族、徳川家康といった有力な者達を退けて天下統一を果たした。

あだ名としての「サル」は有名。

松井友閑

堺代官として商人を取りまとめていた他に、信長側近として各地で交渉事を任されていた人物。

天正十年（一五八二年）元旦の、安土城「御幸之間《みゆきのま》」のお披露目では、光秀と共にトップバッターとして拝見を許された。

愛称はそのまま、ユーカン。

解説 **前波七郎兵衛尉**

詳細不明。結局誰のことかはわからなかった。前波九郎兵衛（前波吉継）という元朝倉氏家臣ならいるのだが。

解説 **吉田兼見の気が気でない様子**

不参加を表明した後、京都の政務担当者、村井貞勝と将碁を楽しんでいた吉田兼見は、馬揃えに参加すべきか否かを貞勝にも相談している。しかし、やはり不参加を決意（『兼見卿記』）。

ちなみにこの頃、およそ二〜三週間に一度のペースで、村井貞勝と吉田兼見は将碁をしている。

▼解説　その日の日記

『兼見卿記』天正九年（一五八一年）二月二八日。

「筆舌に尽くし難い程の華やかさで、その行列の様子は世にも珍しいものであった」とある。

▼解説　山崎の戦い

本能寺の変の後、天正十年（一五八二年）六月一三日に摂津国（大阪府）と山城国（京都府）の境にある山崎にて、光秀と羽柴秀吉が衝突し、光秀が敗北した戦い。

風邪を引いても本能寺

▽解説 二冊の違い、事例

二冊存在している『兼見卿記』は現在、一方をそのまま『兼見卿記』、もう一方を『兼見卿記（別本）』と表記し、区別する。

二冊の記述の違いについて、いくつか紹介しよう。

天正十年（一五八二年）三月五日、『兼見卿記（別本）』の記録では「信長が朝に佐和山城を出陣する。出陣する軍勢は安土城に至るまで続くほど大勢で（約二〇キロ）、特に光秀の軍が大半を占めており奇麗であった」と書かれてある。対して『兼見卿記』では「奇麗」という光秀を賞賛する表現が削除されている。

天正十年三月二一日、討伐した武田氏の首が京都に届けられ、獄門に架けられたのを多くの人が見物した。この件については『兼見卿記』にのみ「京都に首が届いた際には洛中洛外が騒動になった」とあり、信長の行為によって混乱が起き迷惑を被ったかのように受け取れる記載がある。

▽出典1
『兼見卿記（別本）』天正十年（一五八二年）三月五日。

▽出典2
『信長公記』天正十年（一五八二年）四月十二日、信長一行は富士山を見物しており、誠に稀有《けう》の山であると賞賛している。

▽出典3
『信長公記』天正十年（一五八二年）四月一四日、江尻を出発した信長は、駿河国府中にて休憩の際に今川氏の跡地や千本桜について詳しく尋ねた。その後、花山の古城を訪れ、山崎にある遠目の虚空蔵について、こちらもまた詳しく尋ねたとある。

▼出典4

『信長公記』天正十年（一五八二年）四月一三日、信長が駿河国江尻を訪れる。

道中では興津の白波や田子の浦浜といった、百人一首に詠まれた名所を観ている記録がある。

▼出典5

光秀が藤原定家の色紙や文台、硯などを所有していたことは、『天王寺屋会記』にて確認できる。

江戸時代になると、藤原定家の色紙や歌書は最上の贈答品のひとつとなった。茶の湯の盛行にともない、名だたる武人や茶人は藤原定家の色紙を所有することをステイタスとするようになっていったのである（徳川美術館『将軍からのおくりもの―儀礼と拝領―』）。

▼出典6

天正四年（一五七六年）正月二十九日、信長が丹波の川勝氏に宛てた朱印状の写しより抜粋。

「この度の丹波国の件は不便（気の毒）なことでありましたが、川勝氏は変わらず織田軍に従ってくれていることに対して感謝します。今後も一層の忠節を示していただけますようよろしくお願いします。なお、（信長は）近々逆徒討伐のため、上洛を予定しております。詳細については光秀からお聞き下さい」

これは、光秀が波多野氏の裏切りにあって敗走した後出された書状である。丹波の敵対勢力を逆徒と呼び、信長自ら討伐する意志が表明されている。

▼出典7

天正七年（一五七九年）十一月五日、多聞院英俊は、信長が光秀を賞するために坂本城（光秀の居城）へ出向いたという話を聞く（『多聞院日記』）。

『信長公記』には、十月二十四日に丹波の平定を報告するため光秀が安土城（信長の居城）を訪れたという記録があるのだが、どうやら後日改めて、信長の方から坂本城まで出向いていたようだ。

▼出典8

天正四年（一五七六年）、本願寺攻めに参加し、天王寺の砦《とりで》に入っていた光秀は、不用意に攻めた友軍が返り討ちに遭った影響で、一万五千の本願寺勢に砦を囲まれてしまう。

報告を受けた信長はすぐさま救援に駆けつけ、先陣の足軽に混じり集まった三千の兵のみで敵陣に切り込む。その戦闘中に足を鉄砲で撃たれるも、信長は本願寺勢を敗走させた（『信長公記』天正四年五月三日～五月七日）。

▼出典9

天正四年（一五七六年）天王寺砦救出戦の後、光秀は病に倒れ、京都で養成する。名医として有名な曲直瀬道三《まなせどうさん》の治療を受けた他に、吉田兼見に治癒祈祷を行ってもらったようである。

信長の使者が見舞いに訪れたのが祈祷後間もないタイミングであることから、治療後の様態の確認に訪れたのではないかと思われる（『兼見卿記』天正四年五月十三日～二十六日）。

▼出典10

天正八年（一五八〇年）十月二日、信長は茶人の津田宗及《そうぎゅう》と共に大和国（奈良県）法隆寺を訪れ、聖徳太子所縁の宝物を拝見している。そして「太子香」という香木を頂戴し、一包を宗及に、もう一包を光秀に渡した（『天王寺屋会記』）。

この時光秀は滝川一益と共に大和国で指出（申告制の田畑の測量調査）を行っていたため、その最中に届けられた太子香には、信長からの労いの意味があったのかもしれない。

▼出典11

天正八年（一五八〇年）八月十二日、信長は佐久間信盛、信栄《のぶひで》親子を追放する。

その際の折檻状にて、「丹波国日向守《ひゅうがのかみ》（光秀）の働き、天下之面目をほどこし候」と、軍功第一として光秀を誉めている（『信長公記』）。

▼出典12

天正六年（一五七八年）十月二十一日、光秀の指揮下に置かれていた荒木村重《むらしげ》が裏切った。村重が籠城した有岡城は天正七年（一五七九年）に攻め落とされ、一族郎党処刑される（『信長公記』）。

ところが光秀の娘は、荒木氏と離縁したのち光秀の家臣三宅弥平次《みやけやへいじ》（結婚後は明智秀満と名乗る）と再婚したことがわかっている（『立入左京亮入道隆佐記』）。

▼出典13

天正二年（一五八四年）七月二十九日、光秀宛信長黒印状より。

「二十七日付の前回の書状について本日確認しました。南方（本願寺勢）との状況報告は詳細であり、眼前で見ている心地がする程です。（以下略）」

天正二年（一五八四年）、本願寺顕如が信長に敵対。全国各地の一揆勢と交戦することとなった信長は、各地に軍を派遣する。

この頃、信長は伊勢国（三重県）河内長島へ、光秀は摂津国（大阪府）中島で一揆勢と交戦しており（『信長公記』『多聞院日記』）、遠方にいる信長に別働隊の戦況も把握することができるよう、光秀は詳細な報告を行っていたのである。

光秀の報告を受けて返されたこの書状には、その後南方にあたる織田軍に対する、事細かな作戦指示が書き綴られていた。

私感ではあるが、お互いに、マメな性格であったように思われる。

▼出典14

天正九年（一五八一年）正月二十三日、光秀宛信長朱印状写より。

「先ほどの爆竹での諸道具の作りは、本当に煌びやかであった上に、思いもしなかった演出や、細かいところまで心配りがあって素晴らしかったです。今回の件を踏まえて、重ねて京都にて、馬に乗り遊ぶ遊戯の要望がありました。皆思い思いの装いで参加することを、光秀は言うまでも無いことですが、畿内にいる家臣達についても老若問わず参加するように、光秀から連絡を入れておいて下さい。（以下略）」

天正九年（一五八一年）正月十五日に安土城で行った爆竹（左義長）で、光秀が企画した演出が好評であったことから、京都でも開催してほしいという天皇（正親町《おおぎまち》天皇）からの要望があり、光秀に再度イベントの企画を依頼した際の書状である。

このイベントは「馬揃え」と呼ばれることになり、同年二月二十八日に開催されると、こちらも大好評となった（『信長公記』）。

▼出典15

天正十年（一五八二年）五月十五日、信長は安土に徳川家康を招待した。

光秀が接待役を勤めた日には、大和国（奈良県）から調達した盃台が比類なき物だったと信長から賞賛を受けたという。これを聞いた大和国の興福寺多聞院主、多聞院英俊は、金銀や唐物を献上したとしても、こんなにも信長が悦び満足することはなかっただろうと記録している（『多聞院日記』）。

▼出典16

天正六年（一五七八年）正月十一日、光秀は堺の商人である津田宗及を招き、坂本城にて茶会を開く。

この年の元旦に信長からいただいた褒美の品「八角釜」をお披露目する目的があったと思われる。

この時の茶会が、光秀が開いた茶会の初見であった。そのためか、茶会を開くにあたって実は他にも信長から色々といただいている。壺の上にかぶせる竜の段子や、床に飾った椿の絵。この時振る舞われた料理にも、信長が鷹狩りで捕まえた鶴が使用されていた（『天王寺屋会記』）。

▼出典17

元亀二年（一五七一年）、比叡山に逃亡していた朝倉、浅井連合軍の残党を殲滅した信長は、光秀に近江国（滋賀県）志賀郡を与え、坂本に城を築かせた（『信長公記』）。

築かれた坂本城は、「豪壮華麗なものであり、信長の安土城に次いで坂本城程有名なものは天下にない」と言われるほど、見事な城であった（『日本史』）。

▼出典18

宣教師ルイス・フロイスの記した『日本史』より。

「比叡山の大学（延暦寺）の全収入――それは（別の）国の半ば以上の収入に相当した――とともに彼（光秀）に与えるに至った」

▼出典19

天正九年（一五八一年）六月二日、御霊神社文書より。

（前略）以上の軍法に定めたとおり、実戦経験者はなお精進を怠らず、未熟な者はよく理解してほしい。光秀は瓦礫の様に価値なく落ちぶれていた身の上であったのを信長に取り立ててもらい、この様に莫大な軍勢を預けられるに至った。軍の決まり事も守れず、武功も功績も挙げない者は、国家の穀潰しであり、それは信長のものをかすめ取っていることと同じである。精進している者からは嘲笑の対象にもされるだろう。奮起して抜群の功績を挙げた者は、必ず信長に報告し取り立てることを約束する。この軍法をよく守るように。

天正九年（一五八一年）に光秀が定めた十八箇条からなる軍法の最後に書かれた一節。信長のために頑張った者を必ず評価すると明示しており、光秀の信長への忠義が感じられる。

出典20
『御湯殿上日記』天正七年（一五七九年）七月二十四日。

出典21
ルイス・フロイス『日本史』第五十六章（第二部四十一章）
「明智が謀叛により、信長、ならびに後継者の息子を殺害し、天下に叛起した次第」をご覧ください。

出典22
元亀四年（一五七三年）七月十四日、柴田勝家、羽柴秀吉、滝川一益、丹羽長秀、松井友閑、前波七郎兵衛尉が吉田兼見を訪問し、光秀が吉田山（吉田神社）に信長の拠点となる館を作ることを提案したことを伝えた上で、信長に命じられ現場の調査をした。結果、築城には適さないことが判明。兼見は無事を喜んだ（『兼見卿記』）。

出典23
『兼見卿記』天正十年（一五八二年）六月一三日。

出典24

岡田芳郎『日本の暦』。

アクセス　**富士山**

静岡県富士宮市宮町一　富士山本宮浅間大社

ＪＲ東海道本線西富士宮駅から徒歩で約一〇分。

新東名高速道路新富士ＩＣから車で約一〇分。

駐車場あり。

アクセス　**人穴洞窟**

静岡県富士宮市人穴二〇六

ＪＲ身延線富士宮駅から富士急静岡バス畜産試験場北口停留所から徒歩約三五分。

新東名高速道路新富士ＩＣから車で約五〇分。

駐車場あり。

富士山の溶岩流によって約一万年前に作られた洞窟。

富士山。

人穴洞窟。

鎌倉時代の歴史書『吾妻鏡《あずまかがみ》』にて、鎌倉幕府二代将軍源頼家の命で洞窟を探検した武士が霊的な体験をしたといわれている。

江戸時代に成立した「富士講」という民衆信仰の開祖長谷川角行が修行した場所として神聖視され、周囲には二百三十数基の碑塔（石造物）が残っている。

▽アクセス **白糸の滝**

静岡県富士宮市上井出二七三

ＪＲ東海道本線富士宮駅から富士急静岡バス白糸の滝停留所から徒歩一分。

新東名高速道路新富士ＩＣから車で約三〇分。

駐車場あり。

湾曲した絶壁から大小数百の滝が白い糸を垂らしたように流れ落ちる滝。近くの「音止の滝」を含めた周辺地は国指定の名勝及び天然記念物に指定されている。

▽アクセス **興津白波**

静岡県静岡市清水区横砂二一九　清水清見潟公園

ＪＲ東海道本線興津駅から徒歩で約一五分。

静清バイパス清水ＩＣから車で約一〇分。
駐車場なし。

▼アクセス　**田子の浦浜**
静岡県富士市前田地先　ふじのくに田子の浦みなと公園
ＪＲ東海道本線吉原駅から徒歩約二五分。
新東名高速道路新富士ＩＣから車で約一五分。
駐車場あり。

▼アクセス　**今道**
京都の北白川から滋賀県の志賀までを繋いだ道は現在の国道三十号線（下鴨大津線）に相当する（西ヶ谷恭弘『考証織田信長辞典』）。

▼アクセス　**吉田神社**
京都府左京区吉田神楽岡町三〇
京阪電車京阪本線出町柳駅から徒歩約二〇分。
名神高速道路京都東ＩＣから車で約二〇分。

吉田神社にて。

臨時駐車場あり。

創建は平安時代。
室町時代に吉田神道を創設し、神道界に絶大なる権威を得た。

▼アクセス **『兼見卿記』天正九年（一五八一年）二月一日**
京都府京都市左京区北白川上別当町

二人が解散した場所は正確にはわからないが、それぞれの行き先を考えると現在の御蔭通りと白川通りの交差点がちょうど良い場所のように思える。

第5章

光秀を信じて?
筒井順慶「洞ヶ峠」の苦悩

筒井さんにご注目!

高野山(奥の院)
ここに、歴史上有名な人物のほとんどの墓が集まってるらしいよ。
おぉ〜! まるで※ヴァルハラやね。
高野山案内図
あ、あのお方……
見たい見たい!!
えっ
おー、
わかりやすい。——ん?
あれ?!
織田信長墓所
No.80
織田信長墓
うわっ! お隣り筒井さんじゃん!!
筒井さんスゴーい!!

※ ヴァルハラ …… 北欧神話で、勇敢な戦死者たちが迎え入れられるという宮殿。

すさまじい悩み方

光秀の最期となった戦「山崎の戦い」。

私たちの推察が道理にかなっているのなら、これに参加している対光秀勢力は、どのつまり、実は信長に批判的だった人たち、となるわけだが……では、主義主張がそこまで明確ではなかった、その他大勢の人たちはどうしていたのだろうか？　これについての答えはおそらく――。

固唾《かたず》をのんで、見守っていたのだろう。

本能寺の変について調べていて最も奇妙だったことは、この政変が起こった時の当時の記録類が全て……、全て！　変な感じになっている！　ということだった。
この事実は当初、私たちにとってちょっとしたホラー現象のように映った。
だが、すべてのホラー現象はホラにすぎない、という言葉があるように、世の中の〝奇妙〟には、奇妙にならざるを得なかった至極《しごく》退屈な理由があるものだ。▼解説　言葉の出典
本能寺の変に関する記録類が変な感じなのは、この状況がどうなっていくかを見極めるのが、とても

難しかったからだろう。だから結果がハッキリするまで記録は保留、もしくは何かあったらすぐ書き換えられるような状態にしておいたのだと思われる。

先に説明したように、当時の記録物は子々孫々受け継がれていく公的なものだから、権力の中枢に居座っていたいなら、政局に対し常に従順であらねばならない。政権がどう動くのか見極めた末、適切な行動を取りたいから、みんなそれぞれ日和見《ひよりみ》（有利な方につこうとして形勢をうかがうこと。「洞ヶ《ほらが》峠《とうげ》」ともいう）をしていた。

だから「日和見」、もしくは「洞ヶ峠」をきめこんでいたのは、なにもその言葉の語原となった、奈良県は興福寺の人、筒井順慶《じゅんけい》だけではなかったのに——。

なのに筒井順慶その人が、日和見の代名詞になってしまったことには……、それなりの、やむを得ない経緯がある。

（ちなみに、洞ヶ峠という場所は実在するものの、筒井順慶はこの場所で日和見をしていたわけではない。▽アクセス 洞ヶ峠）

洞ヶ峠で日和見をしていない？
じゃあ何なのだ、ここは!？

筒井順慶の災難だったことは、この、まだ今後の見通しが全く立たない段階で、今スグに〝どうするか⁉〟を決めなければならなかったことにある。なぜなら順慶は、光秀の直属の部下として奈良方面を任されていたものだから、必然的に「明智の手の者」と世間に認識されていて、で、今、「明智の手の者」であり続け、ひょっとして光秀が負けたなら、同罪となって殺されるかもしれないという致命的リスクを抱えてしまっていた。

だから決めなければならなかった。このタイミングで「明智の手の者」を辞めるか、光秀が勝つと信じて継続するかを。

筒井順慶はすごく迷った。


「それにしても筒井さんの迷い方よ、これ、見た?」

「……凄かった」

苦笑いのお手本のような顔で、弟が言った。

どんな迷いぶりだったかというとねぇ～。


まず、本能寺の変が起きて、筒井順慶はびっくりして奈良に帰った。

二日後、軍の一部を光秀の応援に出そうとして、次の日やめる。

「やめるんかい!」

「……二日経ってるんですけどー」

その次の日、光秀の使者、藤田伝五《でんご》がやって来て、援軍をくださいとお願いされる。四日迷って、光秀へ援軍を出す！ と立ち上がったものの、やっぱりやめよう……と軍を呼び戻す。

「やめるんか〜い!!」

「四日間……」

この夜、もう埒《らち》があかないと思った藤田伝五が、筒井順慶の説得を諦めて帰ろうとした。が、順慶は帰ろうとする伝五を呼び止める！

「もういい加減決めたげて」

弟がツッコミを入れ、私は筒井さんの出たり引っ込んだりに失礼ながら笑いすぎたのでその場にちょっとうずくまった。

三日後、筒井順慶はついに、明智の手の者を辞めることを決断する。

▽解説 **ここまでの出典まとめ**

「あー決めたけど、ふぅ。——結局そっちか」

「でもまぁ、迷ったね」

どっちが勝つかわからなすぎて決めれない、苦しみの爪痕を残しながら、筒井順慶は決断した。

ありがとう、筒井順慶

それにしたって普通に考えれば、戦は数の多い方が勝つ。

筒井順慶は知っていたのだ。光秀に敵対する勢力の方が数が多いということを。

「でもミーちゃんはこれまで、想像以上のことをしてきたからね」

弟が言う。そうだ、光秀の、あの輝かしい後半生だ。

「筒井さんはそれを目の当たりにしてたから……」

言いつつ、私たちは未来のことなどわかりようもなかった当時の人々の焦燥と混乱を思った。同時に、光秀の華々しい実績が走馬燈のように駆けめぐる。

……こんな人いたんだ。そう思える人材だった光秀。

筒井順慶が恥も外聞もなく迷っているとき、状況を野次馬している奈良の人たちは、刻一刻と不利になっていく光秀を見限り、秀吉たちに協力するだろうと噂していた。それをわかっていながらもなお順慶がここまで悩んでいるのはつまり、それでもひょっとしたら、光秀がこの戦局をもなんとかしてしまうかもしれないと思ったから以外に、迷う理由が見当たらない。▽解説 数々の噂
だから筒井順慶は、最後の最後まで光秀の起こす奇跡を信じた人だったともいえる。

「そこまで迷ってくれてどうもありがとう、なのかもしれないね……」

私たちは、藤田伝五を呼び止めたりした洞ヶ峠で筒井順慶と光秀を想った。▼アクセス **実際の洞ヶ峠**

「松永さんには……やたら強かった……」

思わず口をついたのは、同じ奈良の有力者、松永久秀との交戦において、筒井順慶の勝率がなぜかやたらと高かったこと。▼解説 **松永久秀**

「松永キラー、筒井」

弟が、私にしかウケないコメントを返した。

「しかしそれは、今回ここで感じ取りたいことじゃないね」

「お姉さんこそ……」

「だって筒井さん、いつもミーちゃんに対してちょっと引き気味な対応してたじゃん。実際、記録上これという二人の思い出はないよ。だから私もあだ名を付けずに、ちょっと他人行儀な〝さん付け〟で通してる」

「奈良の人たちにあんま好かれてなかったからなぁ、織田軍……」▼解説 **奈良の人たちに好かれていない様子**

誰が、何をした。基本的にはそれしかわからないのが歴史だ。

しかしそこに登場する人々は、みんなリアルに、生きていた。

木津。実際の洞ヶ峠。

筒井順慶が決断を下した翌日、山崎の戦いとなる。でも結局、筒井さんはこの戦いをも傍観し、戦の後になって千人程度の軍勢を連れ秀吉のいる醍醐の陣に合流したという。

普通なら六～七千人ほど連れてくるべきところをたった千人で、しかも戦の後という遅い出陣であったことを秀吉に指摘され、筒井さんは叱られた ▽出典1 。

のろのろと出陣したこの人は、たぶん、自分の下した決断にさえ気が乗らないでいたのだろう。

〝今夕醍醐陣取〟

（この晩、醍醐に陣を敷いた）

味気ない記述に、人の心を感じた。

▽解説 **言葉の出典**

私に言わせれば、すべてのホラー現象は、ほらに過ぎない。

超常現象を恐れてはならない。

Don't be afraid!

どんと来い、超常現象！

『日本科学技術大学教授上田次郎のどんと来い、超常現象』学習研究社。

TVドラマ「TRICK」に登場する阿部寛演じる物理学者上田次郎の書いた同名作品を書籍化したもの。

ドラマ内でもこの一節を取り上げている。

▼解説 ここまでの出典まとめ

天正十年（一五八二年）六月二日〜一一日の記述を『多聞院日記』より抜粋する。

天正十年（一五八二年）六月二日、京都に向かった筒井順慶は本能寺の変が起きたことを知り、大和国（奈良県）へ引き返す。

六月四日、筒井順慶は大和衆の一部を光秀の応援のため出陣させる。

六月五日、筒井順慶は京都へ出陣した大和衆を早々に大和国へ戻した。

六月九日、筒井順慶は織田信孝のいる河内国（大阪府）へ出陣する予定であったが、延期となった。大和郡山城には兵糧を運び込んでいる。

六月十日、筒井順慶のもとに光秀家臣の藤田伝五が到来。光秀に協力するよう促したが同意を得られず引き返す。ところが大和国木津にて順慶に呼び出され、再度奈良へ戻る。しかしこの時、順慶は羽柴秀吉に協力する誓書を提出していたとのことでもあった。

六月十一日、筒井順慶は郡山城に大和衆を集め、血判の起請文を作成する。

この頃情報は混乱を極め、筒井順慶が切腹した、または藤田伝五が切腹させられたといった誤報が飛び交った。

▼解説 数々の噂

羽柴秀吉が毛利氏と和睦を済ませ近い内に戻ってくる噂や、堺にいる織田信孝（信長の三男）と秀吉が手を組む動きがあったので、これらを考慮すると、筒井順慶は信孝や秀吉らに協力するだろうと奈良の人々は憶測していた（『蓮成院記録』）。

▼解説 松永久秀

谷口克広氏の『織田信長家臣人名辞典』によると、松永久秀の出身は山城国（京都府）。初めは三好長慶《ながよし》（当時の近畿一帯を治めていた人物）に仕えていたが、次第に三好家内で頭角を表し、京都での政務を任された時期もある。

三好長慶死後は十三代将軍の足利義輝が討たれたことで京都が混乱。三好三人衆（三好長逸、三好宗渭《そうい》〈政康〉、石成友通の三人）とも対立することになり、大和国（奈良県）にて衝突した。

ところが大和国には、三好長慶に仕えていた時代から対立していた筒井順慶がいたため、松永久秀の状況は不利になり堺へ逃亡。堺にてなんとか膠着状態にまで持ち直した。

信長上洛後は信長に協力を求め、信長の助力を得た上で再度大和国へ進出したが、筒井軍に惨敗。信長と足利義昭が対立した際には義昭側に久秀、信長側に筒井順慶が付き対立していたが、久秀は筒井軍から決定的な勝利を得られずにいるうちに情勢が変わり、信長に降伏。信長家臣の佐久間信盛の下につく。

天正五年（一五七七年）に信長から離反し、信長の長男信忠によって討たれるまで、筒井順慶とは何度も対立し、重要な局面では敗北している。

▼解説 **奈良の人たちに好かれていない様子**

天正五年（一五七七年）五月七日、信長より大和国（奈良県）中の猫、鶏を徴収するというお触れが来る。鷹の餌にする目的だったという。多聞院英俊らは各所の僧坊に動物たちを隠した。

天正八年（一五八〇年）八月十八日、織田軍の使者が筒井城に入ったことを知る。この日の大和国筒井郷では上の者から下の者まで物隠しに必死になった。

天正十年（一五八二年）六月十一日、郡山城で筒井順慶が血判起請文を作成している中、大和国奈良では夜になるまで物隠しで混乱していたという。

いずれも『多聞院日記』より。

▼出典1 『多聞院日記』天正十年（一五八二年）六月十五日。

順慶今朝自身千計ニテ立了、昨今立人數六七千可有之ト云々、今夕醍醐陣取ト申、餘ニ被見合、筑州ヨリ曲事ト申云々。

▼アクセス **洞ヶ峠**

京都府八幡市高野道一

洞ヶ峠の碑。この場所で日和見をしていたわけではないけれど、石碑まである。

京阪本線樟葉駅からバスで一二分。

▼アクセス **実際の洞ヶ峠**

京都府木津川市木津池田（ＪＲ木津駅）

ＪＲ大和路線奈良駅から二駅。

実際の日和見現場である可能性が高いが、ここがそうであるという主張は特にない。

オマケ ▼アクセス **箱本館「紺屋」**

奈良県大和郡山市紺屋町一九

ＪＲ郡山駅から徒歩一〇分、近畿日本鉄道近鉄郡山駅から徒歩五分。阪神高速道路から第二阪奈道路に移り、中町出口から車で約一〇分。駐車場あり。

我々は、「灰汁《あく》」について知るために、昔ながらの「天然灰汁発酵建て」という手法で藍染《あいぞめ》を行っている、奈良県の藍染体験施設を訪ねたことがある。

京都と奈良の県境にある木津。南都銀行と並んで、奥に京都銀行がある。どちらで口座を作るべきか、迷う。

というのも、丹波攻略の際、光秀を挟撃して破った荻野直正には（解説は1章）、悪右衛門という通り名にちなんだ歌が伝わっているとする話があったからだ（信原克哉『明智光秀の旅』）。

近江勢たてたる旗はさゐみ布
あくに逢うてはたまらざりけり

解説するに「近江勢」は明智軍、「あく」は荻野直正を指している。

「ざゐみ布」とは麻を原料として織った上質の植物繊維製品で、麻を青く染める藍染が普及しており、明智軍は桔梗紋を浅葱色（緑がかった薄い藍色）のさゐみ布に染めていたとされている。

「あく」には、悪右衛門の悪と、藍染に欠かせない媒染「灰汁」が掛かっているようだから、明智軍（布）は悪右衛門（灰汁）に染まってしまってたまらない、という意味合いの歌なのだろう。

その灰汁というものを、我々は実際に見てみたかったのだ。

だがしかし、見てわかったことは、特になにもなく……。おまけにここに所蔵されているらしき『筒井順慶の生涯』なる本も、どこにもなかった……。

十年後。

再び同体験施設を訪れた私たちは『筒井順慶』（柳沢文庫、平成二十五年度秋期特別展図録）を入手。だが、『筒井順慶の生涯』は、やはりどこにも見当たらなかった。

筒井順慶探してます

なァ、藍染め体験施設《ここの》、『筒井順慶の生涯』って本を所蔵してるらしいで。
所蔵本リスト
へー、おもしろそう。
でもどこにもないねん。カバンの中も机の中も
探したけれど見つからないねん。
ガラ
ちょ……
勝手に開けちゃ……
だけどお店の人に聞くのは恥ずかしいんよな……
筒井さんを意識し過ぎてしまってさぁ、
この人筒井さんが好きなんだわってぇ思われたら、照れるやん!?
あの、それより僕は……ここが染め物の施設であることに抵抗を感じてる。

▽アクセス 箱本館「紺屋」

コラム

本能寺の変×百

一般に、本能寺の変を起こしたとされている光秀。

それではなぜ、光秀は本能寺の変を起こしたのか？

このコラムでは、これまで人々が考えてきた光秀謀叛《むほん》の理由と、その理由がなぜ通説として成り立たなかったのかについて述べようと思う。


まずは光秀が謀叛を起こした理由を、百の資料から収集した。収集した資料については巻末に［諸説一覧］として一覧を載せている。

［諸説一覧］には、本能寺の変についての言及が確認できたあらゆる資料が含まれている。中には同じ著者の別の著作物や、テレビ番組、ゲーム、小説なども含まれているが、こういうものも世間に与える影響が大きいと思われるのであえて採り上げることにした。

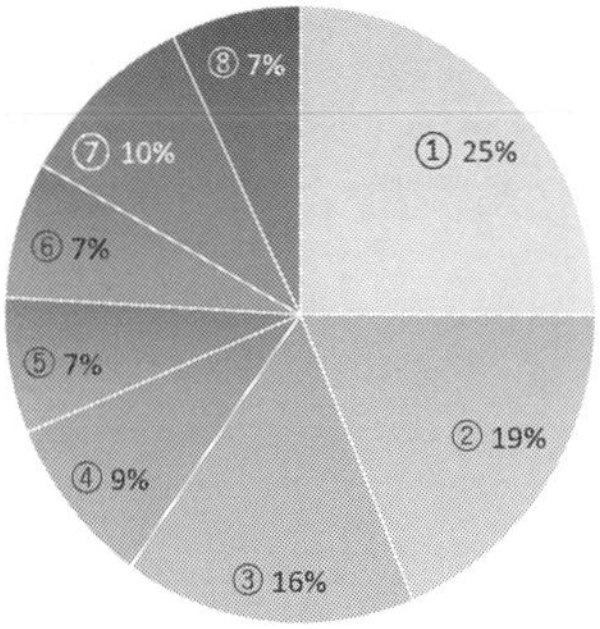

① 怨恨説　⑤ 誅殺説
② 黒幕説　⑥ 自己防衛説
③ 野望説　⑦ 動機不明
④ 突発説　⑧ その他

［図1］光秀謀叛の理由。

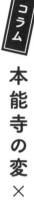

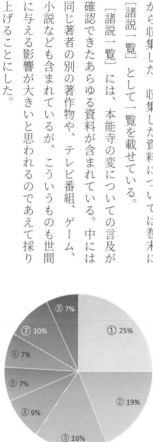

次に、主張が似通ったものを「説」という括りで分類。グラフ化したものが［図1］である。①がやや多いものの、圧倒的に支持されている「説」はないようだ。謀叛の理由はおおよそ八種類であった。

1、信長に対する恨みが原因の怨恨《えんこん》説。
2、何者かにそそのかされて凶行に至った黒幕説。
3、天下が欲しくて信長を討取った野望説。
4、チャンスに攻めた突発説。
5、暴走する信長を止めるために立ち上がった誅殺《ちゅうさつ》説。
6、将来への不安から謀叛に至った自己防衛説。
7、動機はわからないが、光秀が単独で謀叛を起こしたとする説（動機不明）。
8、その他は、過労が原因だったり、茶器が欲しくて信長を討取った等、他の説に該当しないものを集めている。

しかしながら、これらの推察の中で本能寺の変を起こした動機として妥当であると認められているものは、まだ一つもない。

その理由は次のとおりである。

1、怨恨説は主に信長から暴力を受けた恨みから謀叛に至る展開の本能寺の変である。不成立の理由は、暴力の内容に統一性がないことや、証拠史料の信憑性に問題があることで、特に高柳光寿氏『明智光秀』にて否定されている。
2、黒幕説は光秀が謀叛を起こすように仕向けた何者かがいたという説だが、肝心の光秀を仕向けさせた何者かの関与を示す裏付け史料がない。鈴木眞哉氏、藤本正行氏の『信長は謀略で殺されたのか』にて否定されている。
3、光秀も天下が欲しかったとする野望説。不成立の理由は、謀叛直前になっても野心を抱いている様子のない史料が残されていることで、桐野作人氏『だれが信長を殺したのか』にて否定されている。
4、突発説は信長が本能寺で宿泊している事を知り、衝動的に殺意が芽生えたという説。不成立の理由は、根拠となる史料がないことである。
5、誅殺説は信長が残虐な行いを正さず、神仏をないがしろにしたことや、自ら神になろうとしたことへの憤りから謀叛を起こしたとする説である。不成立の理由は、拙稿『大切り本能寺の変』本編においても随時述べるが、信長は理由なき残虐行為をしておらず、神仏をないがしろにもしていない。自ら神になろうとしている様子も見受けられないからである。
6、自己防衛説は将来に不安を感じた光秀が謀叛に至ったという説。不成立の理由は、光秀が将来に不安を感じていることを示す史料がないことである。

7、動機はわからないが、とにもかくにも光秀が謀叛を起こしたとする推察については、これは結局、なぜ光秀が謀叛を起こしたのかはわからないままだ。

8、その他の説は、疲労によって幻影を見たとするなど、論証の望めない話がほとんどである。

史実として何かを証明する場合は、その根拠を示さなければならない。どんなに魅力的な仮説を唱えようとも、根拠が示されなければ証明は成り立たない。各本能寺の変が成立しないのは、光秀の叛意《ほんい》を立証し得る根拠が見出せないからであるが、ここまで多方面から模索して、それでも叛意が見出せないことに着目したい。

ゆえに一度視点を変え、光秀が起こした謀叛ではない可能性を考えようと思い至った次第である。

第6章

石、井戸、藪《やぶ》が、素晴らしいのだ！強制堪能、光秀の技能世界

どう見ても徳島

見事に石しか写っていないメモリー……
ここはどこ・・・?
どう見ても徳島だよね！

ようこそ石積みの世界へ

光秀の足跡を辿《たど》るようになって、趣味が増えた。

それは石垣の鑑賞である。

城などを支えている、あの土台の部分。城を支えていなくてもいい。お堀を形成している石垣も素敵だ。壁や塀として頑張っている石垣も興奮する。

なぜ、石垣なのか？

それはもちろん光秀が、石垣というものをグンと進化させた人だからである。光秀の自城「坂本城」が琵琶湖上に建っていたことがその証しで、これは、築き上げた石垣の周囲に水を張り巡らせることで実現した「水城」という様式だ。4章でも取り上げたが、石垣の周囲を堀で取り囲む定番の日本の城のスタイルは、光秀から始まったということになる。▼解説 水城
そんなことを知ってしまったらもう、石垣の遍歴と

松江城石垣。光秀とはあまり関係ないなどと言わず、じっくり見るよし。
▶アクセス 松江城

ごめんね、ガイドさん！

いうものに興味を持たずにはいられない。石垣、それすなわち光秀だ。

だからスグそこに城が見えていて、ここから四十歩くらい歩いた先に入城門があることはわかっているし、その前に真っ赤なジャンパーを着たガイドさんが立っていて、私を待ちかまえている姿も目の端に捉えている。が、しかし！

「こ、この積み方……」

ガイドさんごめん、私、城内へ入るまでまだまだかかるよ。だってここに、石垣があるから!!

というわけで今回は、光秀を知るうえで欠かせない要素、光秀の技能世界を鑑賞したい。――それを知ることは、どこかできっと本能寺の変解明に貢献する――はずだ……！

日本一の転用石を鑑賞しよう

おお、なんて素晴らしいのか……。

福知山は光秀が治めた土地の一つであるが、この地には、光秀の優秀な技能の痕跡が随所に遺《のこ》されている。

なかでも、福知山城に多用されている「転用石《てんようせき》」と、「角の部分の石の積み様」に、私たちの心は鷲掴《わしづか》みにされた。

「……お姉さんは、でしょ」

なにを照れるか弟よ。積まれた石の有様を見て、積まれた年代を推定せずにはいられない君だっても う、歴とした石垣マニアだ。

「僕はお姉さんみたいに興奮して、異常なテンションになったりしない」

福知山城。

▶アクセス 福知山城

福知山城の石垣。

なんだ？　異常なテンションて。

そんなことより、めくるめく転用石の世界を、さっさと紹介すべきであろう。

転用石……それを言葉で説明するなら、墓石や石地蔵、石塔などを、石垣などの材料として再利用した石材のこと。福知山城の石垣には、これら転用石が大量に使用されている。


こんなふうに。

転用石。

うおっ、心打たれる有様である。
え、な、「なにが?」だって? えぇ!?

感じないだろうか?
石を積むのだ、という、真っ直ぐな気持ちを。

アップで。

がむしゃらに！

遮《しゃ》二《に》無《む》二《に》！

アップで。

そしてほらここ。う、うわ~なんだこれは！　凄い！

角部。

角の部分に、四角いカタチの転用石が、積極的に押し込められているではないか。今はまだガタついて、不揃《ふぞろ》いではあるけれど……。

聞こえる。足音が。

石垣の積み様がより洗練され、次なるステージへと進化を遂げる、石垣開化の足音が！　——福知山城の石の積み様からは、自然石をそのまま使用した初期の石積みから、加工された石を使用する江戸時代の石積みへ移行する、進化の過程が垣間見えるのだ。

……「なに言ってるかわからない？」おっと、距離を置かないでほしい。写真を使って明瞭簡潔《めいりょうかんけつ》に説明するので、もう少し、この話につきあってください。

まずはこのように、大陸から渡来した石積みの技術が、日本の山城や山寺に見受けられるようになる。

地形に沿って角の部分は、女性的な、やさしいカーブを描いている。ちなみに専門家たちは、この状態を「野面《のづら》積み」と呼んでいる。テストには出ないが、覚えておくと楽しいぞ。

野面積みによる石垣ができる。

中でも、穴太衆《あのうしゅう》という石工集団が手がけた石垣は「穴太《あのう》積み」と呼ばれる石積みブランドとなっており、初期石垣ファンたちの熱い視線が注がれる。

野面積みの石垣（松本城）。

アクセス **松本城**

野面積み（書写山圓教寺）。

加工された石材を使用することで、石垣はゆくゆく、ここまで整う。

専門用語で表現すると、この状態は「切《きり》込《こ》みハギ」。「ハギ」とは「接ぎ」、つなぎ合わせるという意味である。どうだ、凄いだろう。

江戸時代の石積み(岡本城)。
切込みハギ(西教寺)。

切込みハギの姉妹ハギ、「打《うち》込《こ》みハギ」。石の加工具合が切り込みハギより甘い。

江戸時代初期(篠山城)。
▶アクセス **篠山城**

加工した石を角に据《す》えたらどうだろう？

なんと打込みハギへ迫る石積みが、すでにここ、福知山城の穴太積みの中に見受けられるのだ。

これは、まさに石垣のミッシングリンクッ!!

私たちは真冬の福知山城外で、二時間ほど石垣、否、ミッシングリンクを鑑賞して過ごした。

解説 もっと詳しい転用石

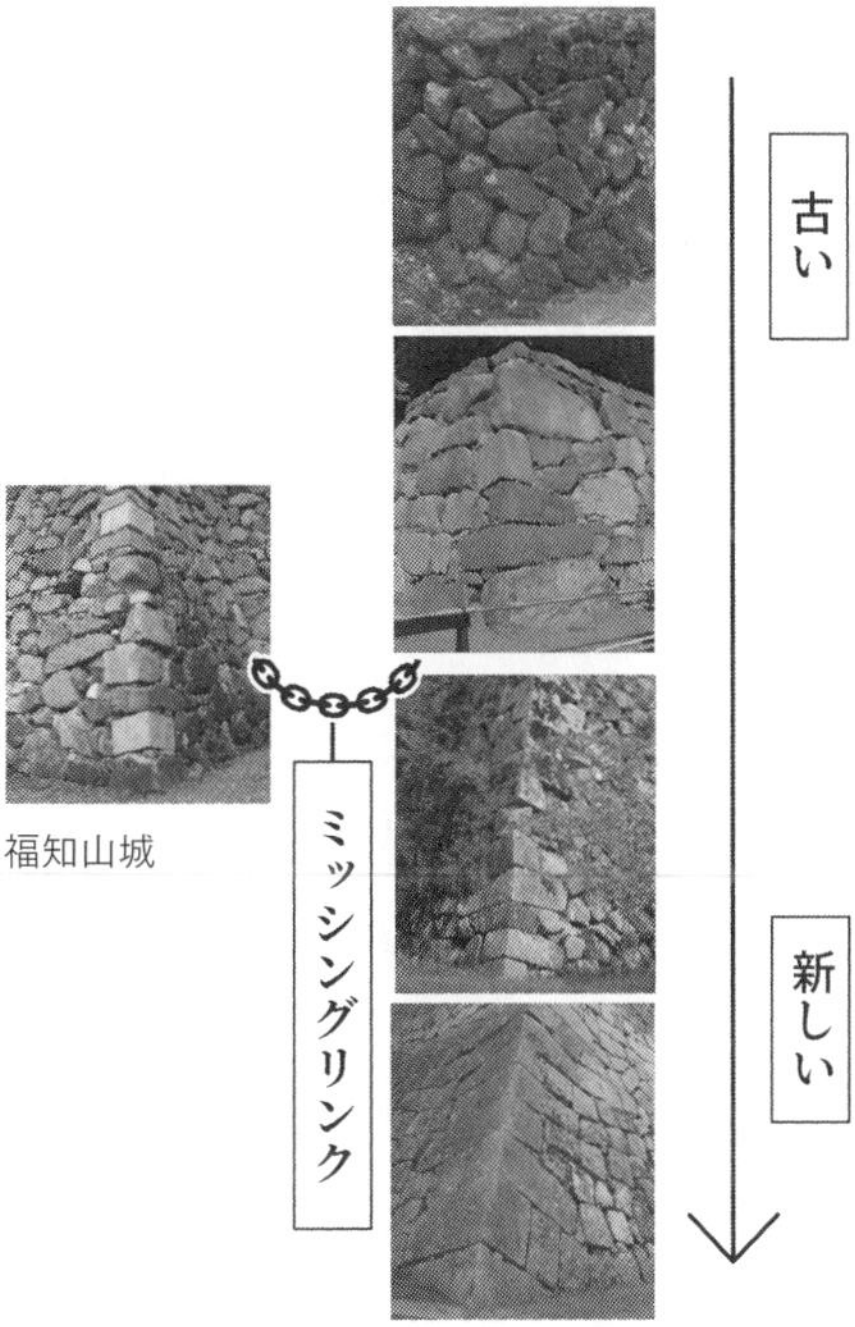

福知山城

日本一の井戸を鑑賞しよう

悪寒。

心、熱くたぎろうとも、身体は冷えた。十二月だもの。そうもなろう。

「足裏の感覚がなくなってきたよ……」

石垣鑑賞に耐え抜いた自分の凍える足裏を、一刻も早く暖めてさしあげたい。そう思い始めている私の耳に、弟の悪魔的ささやきが聞こえた。

「井戸はどこかな？」

——左様。福知山城には「豊磐《とよいわ》の井戸」というものがある。水深三七メートル・深さ五〇メートルのソレは、なんと日本一深い井戸だ。

『新編　福知山城の歴史』によると、地下の水脈まで岩盤を掘り下げているのだが、これは近くを流れる由良川よりも深く、海面下七メートルに達しており、当時の技術でどうやって掘り進んだのか今でも謎とされている。

あぁなんということだ。未だ解明されない技術まで、この地に存在するというのか。光秀は建築関係にも手腕を発揮した人物だと述べてはきたが、まさかそれが、オーパーツを作ってしまう程のレベルだったとは！　なんということだ光秀〜くぅぅ……!!

見所溢《あふ》れる福知山城は、私の足裏にそうやすやすと安息を与えはしなかった。

あれか！

大天守閣という名の郷土資料館入り口付近に、件《くだん》の井戸を発見する。

急ぎ足で接近し、早急に内部をのぞき込む。

「……」

「……」

井戸だね……弟が言う。う、うむ。

井戸の鑑賞というのはもう、上からのぞき込むぐらいしか私たちには手だてがない。あとはそうだな、臭いでも嗅いでみる？

「日本一深いってのはホントかな？」

「それに関しては、書いてあることを信じるしかない」

「げえっ！　難しいこと言うなぁ」

「うん」

基本的に私たちは、書いてあることを信じない。信じないからこんなことをしている……。しかしノーベル医学生理学賞を受賞した本庶《ほんじょ》佑《たすく》

井戸。

井戸の中。

氏も「教科書を信じるな」とおっしゃっていたから、これは我々姉弟の性格的問題とかでは断じてなくて、探究心、みたいなやつの正しい姿だ。

ああ、測れたらいいのに。もう一度のぞき込む。遠く行き着く果てに水面が見える。

「飲めるのかな？」

「さぁ……」

「誰か飲んでくれないかな？」

「……」

情報によるとこの井戸は、現在も使用可能であるらしい。それがもし本当だとしたら、さすが光秀の作ったもの、といったところだろうか。

井戸という闇をのぞき込むこと、しばし。

「あーダメだ。足裏の感覚もなくなったことだし……そろそろ、城の中へ入らない？」

「そうだね」

おそらく似たり寄ったりの症状が出ているはずの弟も顔を上げた。

「ここ寒過ぎん？」

「……」

間。

わかっている。彼の生き様を一言で言い表すなら、修行僧。この程度の苦しみに根を上げたりなどしないのだ。

書状もしっかり鑑賞しよう

「やった、サマーの書状がある」

弟が、展示されている明智秀満《ひでみつ》（通称名、左馬之助《さまのすけ》）の書状に歓喜した。

▼解説 明智秀満

「おおっ、サマーの生〝花押《かおう》〟！　生《なま》花押だ〜！」

花押というのは、文書に書かれた捺印のような役割をする文字のこと。それぞれ自分の花押のカタチを決めているので、知識があれば、誰が何年頃出した文章なのかを推測することもできる。

これもまた百聞は一見にしかず。例として、明智秀満の花押を見てい

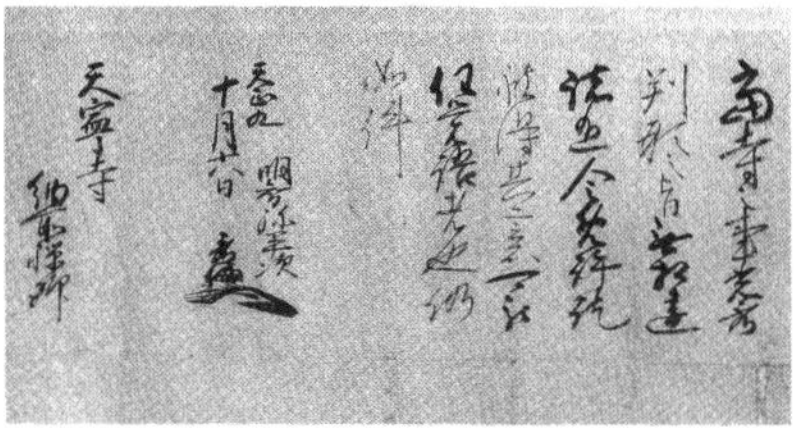

明智秀満書状
（亀岡市文化資料館「明智光秀と丹波・亀岡」）。

ただこう。

　あれ、おかしいな。

　一般に、画像を貼ればわかりやすくなるというセオリーがあったはずだが……か、花押は適応外なのか⁉　しかし、花押の魅力を伝えるのは我々姉弟の使命である。く、……そそ、そうだ、コラムにしよう！　この件は、あとでコラムにまとめることをここに誓う（詳細はコラム「花押」にて）！

　ひとまずここでは、書状は生で見るとめちゃ感動するよ、ということを伝えたい。音楽が好きな人がコンサートへ行くのと同じように、私たちは、書状を生で見るために資料館へと足を運ぶ。生の書状を目にする臨場感。直に伝わる、紙と墨の息吹。

　熱かった、心《ハート》は。

　ただ、会場は物理的に凍えきっていた。サマーは英語で夏だというのに。

「ささ、さ寒いな‼」

　チラリと横を見る。修行僧と化した弟は、心頭を滅却しているようだ。

「サマーは英語で夏だというのに！」

「……」

　どうやら雑音は聞こえないらしい。私はブッダの修行を邪魔する悪魔か。

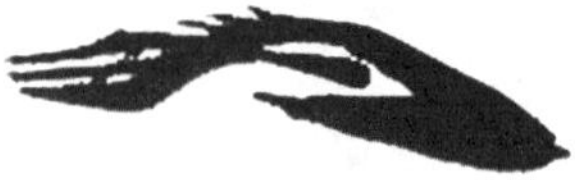

明智秀満花押
（亀岡市文化資料館「明智光秀と丹波・亀岡」）。

床から伝わる冷気を限界ギリギリの足裏で受け止めながら、足と床を離す方法を模索する。座ろう。ビデオがある。『歴史ロマン紀行　明智光秀の真実』これだ。これを座って鑑賞しよう。

「真実、と書かれたものはたいていてい真実ではない……」

弟が悟りを開いている。

「いいかい、今は一定時間座る必要があるんだ」

言いながら私は腰掛け、凍えきった床からついに足を浮かした。念願叶ったり〜♪ 思ったのは、つかの間だった。

うう、ほ、ほほう……光秀は信長にとってけむたい存在（優秀過ぎて）と。あと光秀はつかみどころのない人だったってメ、メモしとこ……っつ、く、あかーん！！！ この冷え切ったベンチが、尻から着実に体温を奪っているっ！！！

キチンとした感じの歴史ビデオを三十分鑑賞。光秀は優秀ゆえに信長にけむたがられ、後世の人の理解が至らないのを、光秀自体がよくわからない人物だったってことにされてはいたが、このあたりのことはご心配なく。

信長は光秀を尊重していたようであるし、光秀は嬉しいときも悲しいときも人目をはばからず泣くという、結構わかりやすい人であったと理解している（**4章　嫌すぎる後輩参照**）。

左手の親指が、ハンパなく冷たい。

気づけば手元のメモ帳には、自分のどこがどう寒いかが克明に記録されていた。なんたる不毛！　動かねば。

私は、顔色一つ変えず、文句の一つも言わずに寒行している弟を引き連れ城外へ出た。

次の目的地へ移動するのだ。

明智藪《やぶ》を鑑賞しよう

残念なことに、外の方がまだ暖かかった。

「あ、ちょっとポカポカする」

少し、気が緩んだガッ！

「危ね〜！　……つまづくところやったで……」

「つまづいてたね」

なんでもないところで足を取られる有様を修行僧に観察されながら、「御霊《ごりょう》神社」に到着する。

▼アクセス　御霊神社

ここの御霊神社では、福知山発展の基《いしずえ》を築かれた神様として、光秀が祀《まつ》られている。光秀の治めた土地、福知山では、光秀の善政が讃《たた》えられているのである。

だったら光秀が明智という名字にちなんでつけた「福智山」という地名を「福知山」にしないでほしかったとダダをこねたいところだが、それは心の中にしまっておこう。私も、もういい大人だ。

さて、ここで評価されている光秀の善政とは、具体的には治水のことだと思われる。

現在も町の至る所に洪水の記録が見受けられ、水位を測るための設備が備えてあることからもわかるように、福知山は洪水が多い地域といえる。光秀はここで「地子銭《じしせん》」という宅地税に当たるものを免除した。これは洪水によって被害を受けている領民の負担を、少しでも軽くするための政策であった。

また、洪水を防ぐための堤防を築くだけでなく、福知山を流れる川、由良川と土師《はぜ》川の流路に着目し、流れが交わる箇所に中州を築いている。

下段の写真は、ただの藪《やぶ》ではない。「明智藪《あけちやぶ》」と命名されている、ありがたい藪で

洪水の記録。

明智藪。

ある。

明智藪と呼ばれるこの中州が作られたことによって、川の流れが変わり、根本的に洪水のリスクを下げているのだ。▽アクセス 明智藪
「頭良いねぇ」

なんとなく立ち止まったその時、不意に大きな枝がボキ折れて、目の前にドッサァーッと落ちてきた。

「うわ〜!!　……き、奇特也《きとくなり》!!」

古文書漬けの日々を送っていたので、とっさに出てくる言葉が多聞院英俊《たもんいんえいしゅん》だった。▽解説 多聞院英俊
直撃をまぬがれたのは、日頃の行いの良さに他ならない。

「ふぅん」

しかし修行僧にとっては落木など、特に気にとめるほどのことでもなかったようだ。何事もなかったかのように再び歩き始めた。

「反応薄っ……あ、そうだ。次は二条城へ行こうよ」

福知山で素晴らしい石垣を見たので、今度は石垣の原点を見に行きたくなった。カラスもカァカァ鳴いている。カラスはカラスでもカァカァ鳴くのはハシボソガラスだ。

「カラスが鳴くからか〜えろ♪」

カエルじゃない？　歩きながら、弟が淡々と言った。

石垣の原点を鑑賞しよう

人が気にとめるものというのは十人十色だ。が、不当とも思えるほどに気にとめられていないのが、「信長が建て直した二条城」ではないかと私は思う。現在よく知られている「元《もと》離《り》宮《きゅう》二条城」は江戸時代に建てられたもので、実に華やかだ。うらやましい限りである。**▽アクセス 二条城**

一方私のいう、信長が建て直した二条城は、こんな感じである（下段写真）。**▽アクセス 信長が建て直した二条城**

なんと、チャリンコが横付けされている。

二条城は、かつて十

よく知られている二条城。

信長の建て直した二条城。

三代将軍足利義輝《よしてる》が討ち取られた時に焼け落ちた城で、それを信長が建て直した▼出典1。

　その時はじめて導入されたのが、「石垣」である。

「日本において見たことのない石造り」と、宣教師の記録した『耶蘇《やそ》会士日本通信』に書かれている。

石垣の上に城を建てる発想のはじまりが、実はこの、二条城にあったのだ。

　その記念すべき石垣の一部を見ることができるとの情報を入手した私は、華やかな方の二条城に飛び込んでいた。


「古い石垣を探してるんですが、どこに展示されているんですか⁉」


　急ぎ、案内所のお姉さんに聞いてみる。実はこのあと仕事の打ち合わせが入っていたのだが、打ち合わせ会場が二条城のスグ近くであったことにテンションが上がってしまって、つい、入場してしまったのだ。

　石垣！　……そして、打ち合わせだ！

　優先順位は、たぶんおかしかった。

　案内所のお姉さんは警戒しながらこう言った。

「……古い、石垣なら、そ外に？　……、一応、展示？　していますけど……？？」

　テンションが先行してしまい、聞き方を誤っていたことに気づいた。

そうか。これが弟の言う、興奮して異常なテンションになる、というやつだったのか。お姉ちゃん完全にそれだったね。

挽回《ばんかい》せねば。

「はい……ええ、あはは、そう、それはそうですごめんなさいうふふ。えっとぉ、私が見たいのは、以前、地下鉄烏丸線から発掘されたという石垣ですうっふふ～。石垣の状態じゃないとしたら、石ころ……いや、石コロッて感じじゃないな、岩。岩？ 岩です!!」

変な人ー!! そう思われたに違いない。しかし私はそう思われることに何の抵抗もないので平気だ。それに私は事実、変な人である。石垣について一緒に考えてくれたお姉さん、ありがとう。二条城は本当に華やかだった。

信長の建て直した二条城との格差を感じる（次ページ写真）。こちらはすっかり生活にとけ込んでいた。

建て直した二条城においてはじめて、「天主《てんしゅ》」という新しい概念の導入も、あったというのに……。

現在、信長の建てた城といえば安土城一辺倒だ。この城があまりに有名なため、天主の成立を安土城

二条城の岩？

とするなど、安土城以前から天主の存在が確認できる二条城や、光秀の坂本城の存在を無視した見解がなされることすらある。でも、それはみんなの愛する安土城を正しく評価していることにならない。

ああ、先ほどから話題にしている「天主」というのはつまり、城の中心となる建物のことである。これまでは、「殿主」とか、「主殿」などと表記されていたのが、二条城以降信長が建てた城はなぜか「天主」と表記された。

天、主……。

多くの大人の中に眠らせていた厨《ちゅう》二《に》心《ごころ》がくすぐられたのだと、私は分析するのだが、とにかくこの当て字というかネーミングが現代人の心にものすごくひっかかり、様々な憶測が飛び交うこととなった。

そしてついには、信長が「天の主《あるじ》」になろうとしていたとする説まで生まれるのである。

「あのお方って、そんなに自意識過剰かなぁ……」

信長は、そこまでの深いこだわりを持っていただろうか？

信長の建て直した二条城、その2。

『耶蘇《やそ》会士日本通信』に、信長が宣教師に安土城を案内した時のことが書かれている。そこにこんな記述がある。

　安土城内は室数も多く、このあいだ信長自身も城内で迷った。

信長の、信長による自嘲ネタの披露。
これが、天の主になるとか言い出す人の振る舞いだろうか……。

自分の城で迷った。

なんか素直で、かわいらしい人ではないか。
その後の記述で、さらにほっこりする。

　信長が城内で迷っても大丈夫なように、いろんな木像を目印に設置した。

へぇ～……。
「だれが置いたんだろうねぇ？　その、像」

目配せすると、弟もうっすら笑った。

「さぁ。書かれてないけど、たぶん……」

木像を設置する光秀の姿が、私たちの脳裏に浮かんだ。

解説 水城

石垣の活用によって、水辺という不安定な地盤に建物を建てるなど、立地条件を選ばない建築が可能になった。

解説 もっと詳しい転用石

墓石や石地蔵、石塔などを再利用した転用石。

そういったものを使うことに抵抗はなかったのか、気味が悪くはなかったのかという疑問も持たれている。それについての回答としては、無頓着だった、石不足だったので工事を早く終わらせるため利用できるものはとにかく利用した、などが挙げられる。

小和田哲男氏は、墓石を縁の下に置くと縁起がいいとされる地方もあるということから、「けがれの逆転」で、呪術性を求めて石塔類を使ったと論じている（『呪術と占星の戦国史』）。面白い考え方であるが、当時は寺社ですら石塔や墓石を無造作に転用したり破棄したりしているため（伊藤正敏『中世の寺社勢力と境内都市』）、そこまで考えていたかどうかはよくわからない。ただ、墓石や地蔵などを使用することに特に抵抗のない様子は見て取れる。

加えて、石材として利用できる物は何でも利用したという見方も非常に妥当性がある。その理由は、かつて二条城再建の際「石材が乏しいので石仏像を利用する」ことを信長が命じているからである（『日本史』）。これによって信長は偶像を信じなかったといわれているが、寺社でさえ石塔や墓石を転用していたことを考慮すると、信長の命じたことは別段不遜《ふそん》なことではない。

▼解説 **明智秀満**

光秀家臣の三宅弥平次《みやけやへいじ》という人物。光秀の娘と結婚し、明智秀満《ひでみつ》と名乗るようになる。光秀が福知山城を築くと、その城主となった。

明智左馬之助《さまのすけ》というのは通称名。大津から坂本まで馬で琵琶湖を渡った湖水渡りの物語が有名だが、出典が物語であるから史実ではない（『絵本太閤記』）。

▼解説 **多聞院英俊**

大和国（奈良県）の興福寺多聞院の院主。興福寺は当時の大和において強い影響力を持っており、信長や光秀の動向についても情報が集まる立場にあった。

多聞院英俊の他、三代の院主が記した『多聞院日記』は、日々の出来事だけでなく、その時の感情やオカルトな出来事についても多少の取り扱いがある第一級史料である（詳細は9章にて）。

天正四年（一五七六年）五月七日の『多聞院日記』には、信長が光秀らを救出するため石山本願寺勢に攻め込んでいた時のことが記録されているのだが、丁度その頃大和国では春日山が鳴動し、二筋の光が春日大社から大阪に向けて射していたとの記述がある。光が見えていた時間帯に本願寺勢が敗走していたことを知った英俊は、「奇特也《きとくなり》」（非常に珍しく不思議なことである）との感想を述べている。

ちなみに、「鳴動」というのがどのような現象であったのかは、よくわかっていない。

▼出典1

元亀元年（一五七〇年）二月二日、信長は焼け落ちていた二条城の再建を指示（『言継卿記』）。四月十四日、完成した二条城に足利義昭が移り住む（『言継卿記』）。

この間の工事風景はルイス・フロイスの『日本史』で紹介されており、工事に関わった人足は通常二万五千、少なくても一万五千人は動員され、信長は銃を持ちながら現場の指揮を執っていたという。

▼アクセス **松江城**

島根県松江市殿町一

ＪＲ山陰本線松江駅からバスで一〇分。

一畑電鉄松江しんじ湖温泉駅から徒歩二〇分。

山陰自動車道東出雲ＩＣから約二〇分。

駐車場あり。


慶長十六年（一六一一年）に完成し、天守閣が現存している城の一つ。

松江城。

大阪から招かれた穴太衆の手により三年かけて築かれたという石垣は野面積みと打込ハギで構成されている。

▼アクセス 福知山城

京都府福知山市字内記五

ＪＲ福知山線福知山駅下車後、徒歩一五分。
舞鶴若狭自動車道福知山ＩＣから約一〇分。
駐車場あり。

天正七年（一五七九年）に丹波を平定した光秀が築城し、慶長五年（一六〇〇年）頃に完成した。明治時代に城は取り壊され、現在は復元された天守閣が建っているが、天守台と本丸の石垣は当時のままである。
石垣は野面積みがメインとなっており、至る所に転用石が用いられている。

福知山城。

▼アクセス 松本城

長野県松本市丸の内四

ＪＲ篠ノ井線松本駅下車後、徒歩二〇分。
長野自動車道松本ＩＣから約二〇分。

駐車場あり。

永正元年（一五〇四年）に深志城として築城され、後の文禄二年（一五九三年）頃に作られたとされる天守閣は現存する中で日本最古として有名。石垣は修理を施しながらも、当時のままの野面積みの姿を残している。

▼アクセス　篠山城

兵庫県篠山市北新町二

ＪＲ福知山線篠山口駅から市バス二階町停留所下車後、徒歩約五分。舞鶴若狭自動車道丹南篠山口ＩＣから約一〇分。

駐車場あり。

徳川家康の命により、豊臣家ゆかりの諸大名を牽制する目的で、慶長十四年（一六〇九年）に築城される。築城は突貫工事で行われたといわれているが、打込ハギと切込ハギで築かれた石垣の仕上がりは丁寧な出来映えで美しい。

石垣鑑賞中の珍事。弟の同僚が切られた。

篠山城……の石垣！

▼アクセス **御霊神社**

京都府福知山市西中ノ町二三八

ＪＲ福知山線福知山駅から徒歩約一〇分。

舞鶴若狭自動車道福知山ＩＣから約一五分。

光秀の善政を讃え光秀を祀っている神社は、ここに紹介した御霊神社が一般によく知られているが、兵庫県丹波市氷上町稲畑にも存在するらしい。

丹波市の御霊神社は光秀が丹波を攻略する際、当時の村人が訪れた光秀に協力し、その褒美として年貢を免除されたことをきっかけに創建されたという（神戸新聞　二〇一三年八月七日）。

御霊神社（福知山市）。

▼アクセス **明智藪**

京都府福知山市字堀二四五一

土師川と由良川の合流地点に築かれた、治水を目的とする中州（福知山市郷土資料館『新編　福知山の歴史』）。

かつては蛇ヶ端《じゃがはな》御藪と呼ばれていたようだが、近年光秀の功績として知れ渡り、明智藪と呼ばれるようになった。

アクセス　**二条城**

京都府京都市中京区二条通堀川西入二条城町五四一

JR京都駅から京都市営地下鉄東西線二条城前駅にて下車後、徒歩すぐ。名神高速道路京都東ICもしくは京都南ICから約三〇分。駐車場あり。

現在残っているのは慶長八年（一六〇三年）に徳川家康によって築かれたもの。十五代将軍徳川慶喜が、慶応三年（一八六七年）に大政奉還（幕府が朝廷に統治権を返上した）を宣言した舞台として有名。

アクセス　**信長が建て直した二条城**

京都府京都市上京区室町通下立売角

京都市営地下鉄烏丸線丸太町駅から徒歩六分。

信長が永禄十二年（一五六九年）に築いた旧二条城があったとされる場所。現在は石碑が残されている他に、現在の二条城敷地内にも石垣の一部が残されている。姉が見たかった石垣はこれ（下写真）のこと。

二条城の古い石ころ。

石垣コレクション（made in 池田氏）

岡山城
このへん
池田氏による修復の跡。
積み様を直す必死感……
きししっ
いいね！
閑谷学校
池田光政創建、学校の石塀。
謎の曲線美！
じぃ〜ん
ご立派や….

▼アクセス 岡山城

▼アクセス 閑谷学校

▼アクセス 岡山城

岡山県岡山市北区丸の内二

ＪＲ岡山駅から岡山電気鉄道に乗り換え城下町駅下車後徒歩約一〇分。
山陽自動車道岡山ＩＣから約二〇分。

駐車場あり。

慶長二年（一五九七年）完成。城主は宇喜多秀家、小早川秀秋と続き、後は池田家が明治維新まで城主となった。

岡山城の石垣は、場所によって築かれた年代による違いが見られ、野面積み、打込ハギ、切込ハギと、各時代の石積み技巧が鑑賞できる。

岡山城。

▼アクセス **閑谷《しずたに》学校**

岡山県備前市閑谷七八四

ＪＲ山陽本線吉永駅下車後タクシーもしくは市営バスで約一五分。

山陽自動車道備前ＩＣから約一五分。

駐車場あり。

寛文十年（一六七〇年）に当時の岡山藩主池田光政《みつまさ》の意向を受け、家臣津田永《なが》忠《ただ》によって創建された、現存する世界最古の庶民教育のための公立学校。現在の形で完成させたのは元禄十四年（一七〇一年）とされている。

学校周囲を取り囲む石塀は切込ハギ方式で作られているが、なだらかなカーブ形状を形作り、整然と積まれている様は圧巻だ。

閑谷学校。

石と石との間に隙間がないため、未だ草一本生えないという。

津田永忠邸跡の夜

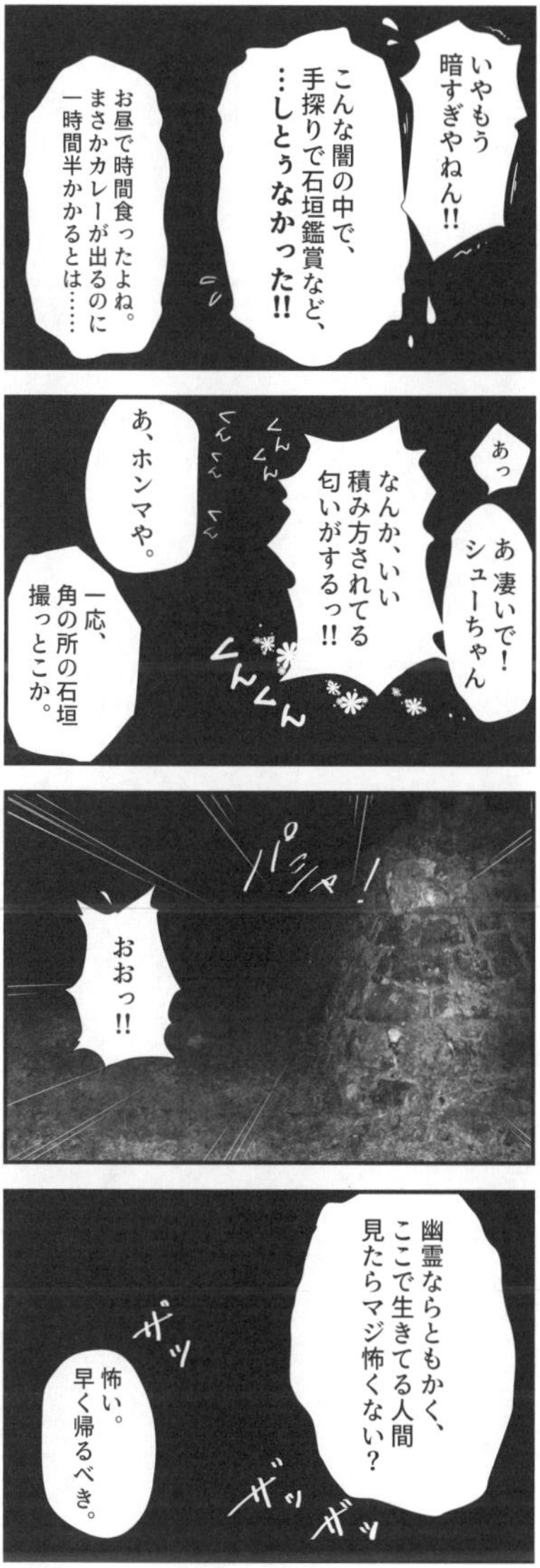
いやもう暗すぎやねん!!
こんな闇の中で、手探りで石垣鑑賞など、…しとぅなかった!!
お昼で時間食ったよね。まさかカレーが出るのに一時間半かかるとは……
あっ
あ凄いで！シューちゃん
なんか、いい積み方されてる匂いがするっ!!
くんくん
あ、ホンマや。
一応、角の所の石垣撮っとこか。
パシャ！
おおっ!!
幽霊ならともかく、ここで生きてる人間見たらマジ怖くない？
ザッ
ザッザッ
怖い。早く帰るべき。

コラム

安土城

信長の居城「安土城」は、これまで日本一の豪華さを誇っていた光秀の坂本城以上に荘厳華麗と評される城となる▽出典1。

この頃建てられた城は、戦闘目的よりも、むしろ見せることを重視して建てられていたように見受けられる。見栄えの豪華さに加え、天主まで真っ直ぐに続く大きな道「大手道」の存在があったことが、その根拠として大きい。城郭へ続く道であるにもかかわらず、敵の侵入を防ぐ意図が感じられないからだ。

万民に開かれた広く大きな道は、宣教師ルイス・フロイスの『日本史』によると、諸国から集まった貴人だけでなく、建物の評判を聞きつけて遠方から見に来た来観者たち、変装した女たちなど、人々の雑踏で賑わっていたという。

そのうえ、信長は天正十年（一五八二年）元旦に安土城を一般公開している。入場料を取っており、本当に見せているのである▽出典2。このことからも、安土城が防衛や戦のためだけに建てられた城とは違うとわかる。

安土城内部にも、見せるための技巧が凝らしてあった。吹き抜けの空間に置かれた宝塔や、絵師狩野《かのう》永徳《えいとく》に描かせた様々な画題の障壁画。金碧の空間。八角形の空間などがあったらしい。

八角形という形は、八方位（東西南北にその間の方位も加えた八方向のこと）を示し、世界を意味するとされている。『万葉集』に「やすみしし（安見知し・八隅知し）」という枕詞があり、これは安らかに統治する、または八方を統べ治めるという意味合いがあり、支配者層において特に意識されていた概念であった▼出典3。また、障壁画の古今東西ぶりは、後の日光東照宮に通じるものがあり、実に興味深い。

加えて「御幸之間」という、天皇の御座所にする目的で作られた部屋があることは、政治的にも注目されている。

信長は、大変なこだわりを持って安土城を考案したようにみえる。ところが、「信長自身も城内で迷う」と信長が自ら語ったとする記述があり、なおかつ信長が迷わぬように目印となる像を置いたとあることから、信長自身が城内を完全に把握しきれていない様子も見て取れる。そうすると、安土城の企画考案全てを信長が手がけ、信長自身がこだわりにこだわり抜いて設計、普請を指図したわけではない可能性も考えられる。

安土城の設計を誰がしたかはわかっていないが、推測するに、光秀の関与はあったのではなかろうか。安土城以前に琵琶湖に面して建てられた三つの城（坂本城・長浜城・大溝城）のうち、二つ（坂本城・大溝城）は光秀が設計したとされていること（長浜城に関しては、羽柴秀吉の城であるにもかかわらず、築城に関する史料が一切残っていない）。さらに、石垣を組む技術者の拠点、資材を運ぶ水上交通の拠点が坂本にあったことを踏まえても、光秀が築城に関して無関係であったとは考えにくい。

次に普請であるが、これに関しては信長の古くからの家臣、丹羽《にわ》長秀《ながひで》が行ったことがわかっている。普請というのは土木工事のことを指しており、長秀は安土城を実際に建てていく普請作業に関わる人材や物資を総括していた ▼出典4 。

そして天正四年（一五七六年）二月二十三日、安土城普請の褒美として信長から「周光茶碗」という茶器を貰《もら》っている ▼出典5 。

褒美として茶器を貰ったのは、織田家臣の中で、丹羽長秀が初めてであった。

▼出典1 ルイス・フロイス『日本史』

▼出典2 太田牛一著、桑田忠親校注『信長公記』

▼出典3
千田稔『空間の「原型」』

▼出典4
松下浩「琵琶湖河川支配と城郭─織豊期城郭の材木調達を中心に─」

▼出典5
太田牛一著、桑田忠親校注『信長公記』

コラム

ゆるし茶湯

信長は、茶会が政治に利用されやすいと考えていたとされている。

そのため、「ゆるし茶湯」といって、信長から茶器を貰《もら》った者だけが茶会を開くことができたとする考え方がある。だとすると、貰った茶器で茶会を開くことはとても重要な意味を持つことになる。

しかし、天正四年（一五七六年）に安土城普請の褒美として茶器を貰った丹羽長秀は、茶会を開いていない。それどころか、三年後の天正七年（一五七九年）六月二十四日に、昨年長秀に与えた周光茶碗を回収し、その代わりに鉋切《かんなきり》と呼ばれる刀を長秀に与えたという記録がある（出典1）。

この事態は、丹羽長秀が茶器をもらった時点において、茶会を開くことに重要な意味がなかったとしかいいようがない。織田政権下において、茶会を開くことに重要な意味があったとすれば、是が非でも開いたはずである。しかし長秀はそれをしなかったどころか、信長もこの事態を受け入れ、褒美の品を別の物と交換している。つまり茶器を褒美に渡すという行為は、当初、茶の湯を好んだ信長の価値観の押し付けでしかなかったのだ。

このことから我々が思うのは、いわゆる「ゆるし茶湯」というものはなかったのではないか、ということと、現在考えられている当時の「茶会」に対する評価が高すぎるのではないか、という二点である。

それではそもそも、「茶会を許される」という考え方がどこから起こったのかということになるが、これは信長の死後、羽柴秀吉の書状に「御茶湯難御政道、我等ハ被免置」と書かれていたことから始まったようである。書状には秀吉が鳥取城を落とした褒美として信長から茶器を拝領した時のことが書かれており、この時初めて茶会を開くことを許されたのだと解釈されていた（出典2）。

だが、津田宗及の『天王寺屋会記』（堺商人の津田家三代に渡って書かれた茶会についての日記。いいつ、どこで茶会が行われたか、茶会に参加したのは誰か、どのような催しであったかを記録している）に、鳥取城を落とす以前に開いた羽柴秀吉の茶会の記録が残っている。茶会が許可制であるなら、鳥取城を落とす以前に行っていた茶会は信長の許可なく無断で行っていた闇茶会ということになってしまう。

また、後に信長によって叱責され追放されることとなった佐久間信盛、信栄父子は、頻繁に茶会を開いていた。父子に対する叱責をまとめた「十九条の折檻状」には、「信盛は三十年も信長のもとにいながら、比類のない働きということを一度もやっていない」と書かれ、信栄に至っては「罪状を挙げればきりがない」とまで書かれている（出典3）。それでも佐久間父子は頻繁に茶会を開くことができていた。「ゆるし茶湯」があるとすれば、大した働きがなくても許可が出たということになってしまうので、やはり信長が茶会を許可制にしていたということは考え難い。

ところが、天正六年（一五七八年）正月、信長から茶器を貰った光秀は、茶器を貰ってすぐに大々的な茶会を開いた。しかも、信長から頂いた「八角釜」を見せることからこの茶会を始めている（出典4）。

頂いた道具を仰々しく披露する行為によって、信長の与えた茶器は、その茶器の持っている価値以上に特別な意味を持つものとなった。

しかも、客人はすでに八角釜を目にしたことがあったのだ。にもかかわらず、光秀は八角釜を披露した。披露したかったのは茶器そのものより、「信長からいただいた」という点であろう。

信長から道具を頂くことがとても価値のあることであり、名誉なことなのだとアピールするために開かれた、光秀の茶会。「ゆるし茶湯」という制度はなかったと思われるが、光秀はまるでそのような制度があるかのように振る舞った。

以降、茶会を行うことに様々な政治的価値が見出されるようになっていくのだが、単なる褒美の価値を、演出によって引き上げた光秀の政治手腕には驚かされる。光秀の演出は、信長の行いを格別にありがたいものに見せる巧みなやり方であったばかりか、その恩恵にあずかった光秀自身の価値をも高めている。

▼出典1
太田牛一著、桑田忠親校注『信長公記』

▽出典2
東京大学史料編纂所編纂『大日本史料』

▽出典3
太田牛一著、桑田忠親校注『信長公記』

▽出典4
永島福太郎編『天王寺屋会記』

第7章

光秀と敵対した人の史跡も、光秀の史跡です！鞆《とも》幕府のばら、足利義昭

人の内実

人の内実は、外観からはわからないものである。
卒業式？
卒業式かな？
うわやったぁ～!! 義昭が幕府を開いた鞆の浦に、ついについに来れたぞぉおっ!!
あ、ねこ。
龍馬談判の町家
イベント用仕事着。
ガラ
ガラ
ガラ

コラムにそえて

あのさ……さっきのコラムだけど。

「結局、話ぜ〜んぶミーちゃんが持って行っちゃったけど、あれ、わざとじゃないよ」

「そうだね」

弟が淡々と言った。本当のことだから仕方がない、と。

ここまでの流れで察しがついてきたと思うが、信長の政治に光秀が与えた影響は、たぶん、すさまじい。

信長の生涯にわたる動きをおおまかにではあるが年表にまとめてみた。ページをめくっていただくと見開きで一覧できるので、ぜひ見てほしい。

信長が急成長した時期と、光秀が参入した時期は、シッカリとかぶっている。ついでに言うと、信長が見所のある建物や石垣を築くようになった時期も、光秀の参入後だ。信長の飛躍と光秀が、無関係とは思えない。

光秀の実績を評価する向きのなかったこれまでは、上洛《じょうらく》（京都に行くこと）が信長の躍進に繋がったのだと推察されてきた。けれど私たちは、上洛ではなく光秀の参入が、躍進のきっかけだったのではないかと考えている。

……そして、信長と出会うまで何の活躍も見せていなかった光秀は、信長と接点を持つようになって以降、一躍、歴史の表舞台に立つようになった。

瓦礫《がれき》のように価値なく落ちぶれていた自分を、信長に取り立ててもらい、この様に莫大な軍勢を預けられるに至った。

4章でも取り上げたこの文言は、光秀が自身の軍勢に課した軍規に、わざわざ書いて示したものだ。この文言によって、軍事面においても光秀に活躍の場が提供されていたことがよくわかる。

文章は次のように続く。

武勇も功績も挙げない者は、国家の穀つぶしであり、それは信長のものをかすめ取っていることと同じである。奮起して抜群の功績を挙げた者は、必ず信長に報告し取り立てることを約束する（明智光秀家中軍法）。

	信長年表		光秀年表
1534	・生誕	33年間	
1546	・元服		
1547	・吉良大浜で初陣 ・那古野城を拠点とする		
1548	・結婚		
1551	・父信秀病没		
1555	・清州城を拠点とする		
1556	・稲生の戦いに勝利		
1558	・尾張統一		
1559	・足利義輝に会う		
1560	・桶狭間の戦いに勝利		
1561	・美濃国へ侵攻		
1562	・徳川家康と同盟を結ぶ		
1565			・(足利義輝討死)
1566			・幕臣として田中城に籠城
1567	・美濃国攻略		
光秀参入			
1568	・六角義賢の観音寺城を占拠 ・上洛達成		 ・足利義昭上洛に従う
1569	・室町幕府の殿中掟制定 ・二条城を再建 ・撰銭令発令		・本国寺にて防戦
1570	・足利義昭に「5箇条の条々」を提出 ・朝倉義景討伐のため越前国へ出兵 ・姉川の戦いにて朝倉・浅井軍に勝利		・「5箇条の条々」の取次を行う ・京都にて政務
1571	・比叡山延暦寺焼き討ち		・近江国志賀郡を与えられる ・足利義昭に辞意表明
1572	・足利義昭に17条の意見書を提出 ・三方ヶ原の戦いにて武田軍に敗退		・囲舟を用いて竹生島を攻める ・坂本城築城
1573	・大船建造 ・足利義昭追放、元号を天正に改元 ・越前国攻略、朝倉氏討伐 ・小谷城を攻略、浅井氏討伐		・囲舟を用いて今堅田の拠点を落とす ・滝川一益と共に越前国の戦後処理

	信長年表	光秀年表
1574	・蘭奢待を所望する ・伊勢長嶋の一揆勢鎮圧	 ・摂津国の一揆勢と対峙
1575	・長篠の戦いに勝利 ・従三位、権大納言及び右近衛大将に叙任 ・嫡男信忠に家督を譲る	・惟任日向守を授かる ・丹波国攻略開始 ・越前国残党討伐
1576	・安土城建造開始 ・天王寺砦救援	・丹波国で裏切りにあい敗走 ・本願寺勢から天王寺砦防衛 ・病のため療養、年内に復帰か？
1577	・雑賀衆討伐 ・松永氏討伐 ・三位中将・右大臣に叙任	・雑賀衆討伐に参加 ・松永氏討伐に参加
1578	・安土城にて茶会 ・別所長治離反 ・九鬼大舟完成、毛利水軍に勝利 ・荒木村重離反	・信長に茶器を与えられ、茶会を行う ・近江国に大溝城、丹波国に亀山城を築城 ・播磨国の神吉攻めに参加
1579	・安土城完成 ・安土宗論 ・荒木村重の籠る有岡城を攻略 ・誠仁親王の第五皇子を猶子にする	・坂本で茶会 ・丹波国攻略完了
1580	・別所長治討伐 ・本願寺焼失 ・一九箇条の折檻状作成、佐久間親子追放 ・一国破城、指出を大和国に命じる	・京都にて茶会 ・一国破城、指出を大和国で実施
1581	・安土で左義長開催 ・京都で馬揃え開催 ・和泉国で指出を命じる ・安土城で盂蘭盆会開催 ・伊賀国平定	・安土で左義長企画・設営 ・京都で馬揃え企画・設営 ・丹後国見物 ・明智家中軍法を定める
1582	・武田勝頼討伐 ・関東見物	 ・関東見物に同行
本能寺の変		

信長に対する恩義に報いる意味も込めて、強い軍を作ろうと励む気概が伝わってくる。同時に、取り立てる人材を信長に推挙することが約束できる立場に光秀が立っている、ということにも注目したい。

それもゆくゆくは「信長の居場所は光秀の近辺にあるので、何時も万が一の事態に備えておかなければならない。悪い事が起きてからでは悔やんでも取り返しがつかない」と、信長に何かあったときの責任の所在が自分にあると公言するまで、信長と光秀の関係は密になっていく▼出典1。

光秀の軍勢は、織田軍の中核勢力となっているのだ。

かくて、当然のことながら光秀は、信長と敵対する多くの勢力と対峙することとなった。

光秀と敵対した人の痕跡も、光秀の生き様を示す重要な痕跡となるから、敵対者たちの史跡の調査は必要不可欠だ。

従って今回は、光秀と敵対した人の史跡へ赴《おもむ》きたい。

もちろん、本能寺の変、解明のために。

ビバ長浜

光秀が信長と関わりを持つようになって、まず挙げられる大いなる敵対者は、十五代将軍足利義昭《よしあき》であろう。

もともと将軍家に仕えていた光秀だったが、足利義昭と信長の対立が明確になったところで義昭に辞意を表明し、信長に味方する意志を固めたのである。▽解説 **光秀の辞意**

写真は、日本最大の湖「琵琶湖」。

3章でも紹介したが、ここに光秀は「囲舟」という大砲を積んだ船を用いて水軍を展開し、足利義昭に味方する勢力を砲撃しまくった▽出典2。

琵琶湖。

私たちは今、光秀の目標砲撃地点の一つ、竹生島《ちくぶじま》を目指し滋賀県長浜に来ている。光秀の荒ぶる魂を感じることも本能寺の変解明に繋がるに違いない。情報によると「竹生島クルーズ」なる船が、長浜から出ているらしい。▽アクセス **竹生島クルーズ**

「それにしても、長浜かぁ……」

長浜は、当時、羽柴秀吉が拠点としていた土地。だから私たちにとって、アウェイ感がぬぐいきれない場所だった。なぜって？　それは察してほしい。▽解説 **察しの悪い方へ**

さっさと船に乗ってしまおう。弟が地図を確認しようとした、その時だった。

「竹生島クルーズですか？」

ドキーッ！！！　予期せぬタイミングでの、長浜市民との接触！

しかもなぜ、私たちが長浜城ではなく、竹生島クルーズへ来たと察せているのだろう⁉

ひょっとして、実は私たちが光秀寄りの人間で、実は本能寺の変を調査するためにここに来ている、なんてことまで見抜かれてしまっているのではあるまいか⁉　私の警戒心は本能的に跳ね上がった。

「そ、そうです……けどナニカ？」

心にものすごい壁を作りながら答えると、長浜の男はキッと壁に貼り付けてあったクルーズ船の時刻表をにらんだ。

「ギリギリなので、急がねば‼」

そう言うと、さぁこれを持って！　と紙が手渡された。

港までの行き方を示した地図だった。

こ、これは！　驚く私たちに、その人は手早く言った。

「この地図のペンでなぞった道を、早足で歩いて行きなさい」

そして、我が弟に微笑みかけると何かをギュッと握らせた。

「こ……これはっ‼」

クルーズ船の、割引チケット（二人分）だった。

「さぁ、いいから早く！　早く行きなさい‼」

なな、なんだ⁉ この、物語中盤あたりの重要な局面に出てくるキャラ、みたいな人は……⁉ しかし、戸惑っている時間はないようだ。この人のご厚意を、無駄にしてはならない。

「わかりました。色々とご親切に、ありがとうございます‼」

弟と顔を見合わせた。行こう、早足で。今日ここで受けた恩を、深く胸に刻みながら。

〝長浜の男〟のおかげで、かつてないほどすんなりと港に到着した。

「なんだか素晴らしい人だったたね……」

割引券を握りしめ、施設へ入る。「いらっしゃいませ」警備員さんが朗らかな笑顔で挨拶をしてくれた。ん？ 今、いらっしゃいませ、と聞こえたような？

「あ、挨拶《あいさつ》⁉」

弟が驚愕している。空耳ではなかったのか！

驚くべきことに、この施設内で出会った全ての職員さんが、挨拶をしてくれた。

挨拶なんて当たり前じゃん、と思うかもしれない。けれど資料館や博物館、神社や寺などにおいて、そういった社交性は必要とされていないのか、こちらが話しかけでもしない限り普通はおおむねソフト放置である。そもそも、人がいないなんてことも珍しくない。▽解説 現地と観光地は別物

だからちょっと、私たちはびっくりしたし、嬉しかった。

「こんなにあたたかく迎え入れてくれる施設って、あんまりなかったね」

「うん、どうなっているんだろう」

今までにない歓迎ムードに、失礼ながら「孔明の罠」ではないかとドギマギしながら出航の時を迎えた。

▼解説 **孔明の罠**

離れゆく港を漫然と眺めていると、さっきの職員さんたちがちらほらと外へ出てくる。……ま、まさか⁉

「シューちゃん見て……！　手ぇ、振ってる。あの人たち、手ぇ振ってくれてるよぉおおお～‼」

「なにその心遣い、これはもう、凄い‼」

手を振り返した。なんて心のこもったおもてなしだろう。こちらの勝手な思い入れから、長浜はアウェイだなどと敬遠していた自分がとても恥ずかしい。

万歳三唱、ビバ、長浜。VIVA・NAGAHAMA‼

かわいい猫もいた。ファンタスティック長浜！
▶アクセス **知善院**

水は火に勝つはずだった

竹生島に上陸した。

お〜、ここを砲撃したのか。いや、すごいな。

「な、何を……、撮っているのですか？」

は……確かに。

こんな生活をするようになって私は、石垣だけでなく瓦オタクにもなっていた。

「いやはや、瓦を撮っていました。瓦が好きなものですから。あははは！」

「そ、そうだったのですね、うふふなるほどぉ〜」

偶然居合わせた、竹生島の女性ガイドさんだった。屋根を凝視《ぎょうし》する私たちの邪魔をしないよう気を配りながら、そっと声をかけてくださったのである。

そして気づかされた。そうだ、私たちは荒ぶる光秀の魂を感じにここへやって来たのだった。「本来の目的をお忘れではございませんか？」実はそう伝えたくて、ガイドさんはお声をかけてくださったのかもしれない。

「うんそうかもね」

竹生島の瓦。

竹生島。

 私の話を聞き流しつつ、弟は琵琶湖を眺めていた。うむ、君もそう思ったか。さすが私の弟。さすがおもてなしの町、長浜ですな。

 そして目的を思い出した私は、光秀の荒ぶる魂を感じ取れる瓦を発見する！

「ほら見てシューちゃん！」

「結局、瓦なんだ」

「水」の一字瓦。火気厳禁。そんな願いが込められている。

 こういった瓦には大抵「水」を連想させるモチーフが取り入れられているものだ。それは古代中国で始まった「五行《ごぎょう》」という自然哲学に基づいている。

 五行では、自然界のあらゆるものが木・火・土・金・水の五つの要素によって作られたと想定されていて、面白いのは、これら五つの要素が、組み合わせによってお互いを強めたり弱めたりすると考えられていることだ。この考えに基づくと、火は水に弱められるとされているので、水を連想させる絵や文字を瓦に刻むことで、建物を火災から守るまじないを施しているのである。▽解説 まじないの効用
 が、しかし、さすがに砲撃されることなど想定外だっただろう。光秀は、思い切ったことをする人だ。

 そういえば本能寺の調査を始めた頃は、神経質とか生真面目とか、そんなイメージが光秀にはあったのに——。

「水」の一字瓦。

あれは、遠い昔の話になった。

続、荒ぶる光秀

さて、船を建造して砲撃してまわる光秀を、足利義昭は次のように表現している。

光秀は、正気であるとは思えない（牧田茂兵衛氏所蔵文書）。

だから足利義昭は、信長はもとより、光秀打倒にも力を入れていた。

まずは光秀のもとにいた自分の家臣たちを裏切らせ、共同している越前国（福井県）の領主朝倉義景に連絡を入れる。「とりあえず兵を五～六千人ほど用意してほしい（牧田茂兵衛氏所蔵文書）」。

援軍の要請をすると共に、甲斐国（山梨県）の武田氏や、本願寺、伊賀、甲賀衆をも味方にし、石山、そして今堅田にて挙兵した ▽出典3 。

今堅田から琵琶湖を望む。

しかし石山の城は落とされ、続いて今堅田にも攻め込まれる▽出典4。

この時、光秀はまたあの囲舟を出してきた。そして三十挺余りの大砲で、堅田城内を一斉砲撃したのである▽出典2。

結局のところ足利義昭は、周到に準備し、警戒していたにもかかわらず敗れたのだ。

そして一五七三年、足利義昭は京都から追い出される。

鞆幕府のばら

改札口を出ると、夏の陽射しを照り返しながら停車するバスが見えた。ひょっとして、あのバス⁉

乗車せん！　として走り出した私の目の前に、薔薇《ばら》のアーチが現れた。

〝ようこそばらのまち福山へ〟

ばらのまち……かー……。

なんとかバスをつかまえ、ステップに足をかける。しかし、念には念をだ。運転手さんにうかがおう。

「このバスは『鞆《とも》の浦』へ行きますか？」

鞆の浦。足利義昭が、信長に京都を追い出された後、幕府を置いた場所である。▼アクセス 鞆の浦
「……」

ん？ あれおかしいな。この間はなんだろう。お～い、このバスはその、

「行きますよ。鞆の浦行きのバスなんで」

よかったよ、返事があって。

「ありがとうございまーす」

な～んて笑顔で言いつつ、心中ムカッときた。なんだよ今の気だるさむき出しの感じ！ 聞いたっていいじゃん聞いたって。今日は時刻表やらGPSやらを見てくれる弟が一緒じゃないんだ。出張の仕事でこちらへ来た機会にと、必死で史跡探訪の時間を作った孤独な旅人は、とにもかくにも不安なんだよ！ そうだ両替しなきゃ。千円を……ちょっ！ なんだアンタ！ あっ運転手！ 千円札返せ。ん、なんだ。手で、お札を丁寧に、真っ直ぐにして……ああなるほど、入れるのにコツがあるのね。そして両替機に入れてくれると。

「……」

無言でね。

なんだよ優しいじゃないか！　イイ奴なんだな！


少し落ち着こう。争い合う場所に花は咲かない——歴史のことを、考えるのだ。

そうだなえーっと……、火器や建築に趣旨が深いなど、とても便利な人材だった光秀——。そう、そんな光秀を信長はバンバン活用したけれど、幕府に仕えていた頃の光秀が活躍していた気配がないのはなぜだろう？　あんなに便利な光秀を、どうしてもっと活用しなかったのだろうか？　巷《ちまた》でよく言われがちな「幕府は人を見る目がなかったから」なんて結果論では、私は到底納得しないぞ。

論理的な理由を考えよう。

……足利義昭がどんな人だったかはよくわからないが、彼を取り巻く環境が「慣習に則したもの」だっただろうことは間違いないと思う。鞆の浦で幕府を開き直した時、義昭は中国地方の諸大名たちへ身分に応じて幕府に仕える者としての役職を与えていた。それを名誉なこととして、諸大名たちが義昭に献上品を送っていたこともわかっている。そういう伝統的な権威のもと、将軍という義昭の権利は機能していたのだ。▼解説　**鞆幕府の構造**
だったらつまり、将軍を支えているのは便利な人ではなく、身分の高い人だったということになる。

それじゃあ、瓦礫《がれき》のようとか言っていた光秀はそこまで身分が高くなかったのだろうから、重用されないのは単なる常識だ……。深い理由なんてなく、ごくあたりまえのことだったのではなかろうか。

かたや信長は、上洛以前の人生の大半の時間を、内乱だらけの自分の国、尾張（愛知県）を治めることに費やしていた。その際しかるべき身分の人に裏切られたり、しかるべき立場につくはずの人が殺されたりしているものだから、組織は乱れ、人手は不足しまくっていた。だから自分のために働いてくれさえすれば、身分がどうなどと、贅沢なことは言ってられない状況だったと思われる。

それが証拠に一五五六年、信長に謀叛を企てた柴田勝家・林通具《みちとも》らと対峙した「稲生《いのう》の戦い」では、信長勢七百人に対し、柴田勝家は千人、林通具は七百人を伴っていた（出典5）。

――あのお方、カッちゃんより味方が少なかったんだよね……。あっ。

鞆の浦だ！　歴史のことを考えていると、あっという間に着いてしまった。

海が綺麗だなぁ〜。

「ありがとう」とバスを降りようとした時、突然なにかを無言で差し出された。なに？　ななななんですかコレ⁉

なななんか渡されたけどなにこれ怖いっ。

手元を見ると〝手作りイラストマップ鞆の浦〟。

うっそーぉ……すっごい助かるぅ……。運転手さん、ありがとーーーう！！！

去りゆくバス。そして悟った。これが俗に言う「ツン

ものすごく活用した。

デレ」というやつなのだと。

人の内実はわかりにくい。だからつい、表面的なところを見てしまう。

信長の華々しい戦果から、彼はしばしば天才と賞される。古いしがらみや常識に捕らわれなかった天才だ、と。

けれどそういう信長像は、これからはもうフィクションの世界でのみ楽しもう。信長の実状から察するに、織田軍はもはや慣習に則した組織運営ができるような状態ではなかったのだから——。

ただ、結果的に信長が足利義昭に勝ったので、信長はとことん評価され、どこの馬の骨かもわからないような人材の活用も、さすが信長「人を見る目があった」なんて評される。負けていたら「やっぱりな」で終わっていたことだろう。

一方で、この地にて再起を謀っていた足利義昭は、将軍という上等極まりない肩書きを手にしていたにもかかわらずなんとなく知名度が低い。ここに幕府があったのに、ようこそばらのまちへ、なんて言われてしまう始末。なんとも気の毒である。

「若いね……」

「若いわ……」

ご近所さんと思わしきおじいさんおばあさんが、港に椅子を並べ、午前中という時間にただただ身を委《ゆだ》ねていた。

海辺には、遠方から来訪したらしきアベックがチラホラいる。一人でうろついているうら若き乙女（当時）が私だけだから、なんとなく目に付くのだろう。ご老人たちが、ごくぼんやりとこちらを見ている。目が合うと、皆そろって少し会釈《えしゃく》をしてくれた。ここの人たちは一見愛想がないが、心根はきっと優しい。

この海辺で、私は一時期光秀の上司だった足利義昭を気の毒に思っているのだ、なんてことが知れたら、気の毒なのはあんただよ、と哀《あわ》れまれるだろうからそれは秘密にしておこう。

この地で足利義昭は、自分を京都から追い出した信長や、自分を裏切り信長に手を貸した光秀らから覇権を取り戻す方法を、ずっと模索していた。本能寺の変で二人とも死んだものだから、さぞお悦びになったのでは？ と思って本能寺の変の後の義昭の反応を調べたら、案の定、とってもお悦びになっていた ▼出典6 。

けれど、もうその頃には将軍という権力に頼らなくてもなんとか政治ができるんだと、信長によって証明されてしまっていたので、結局、足利義昭が覇権を取り戻すことはできなかった。

それでも、本能寺の変を調べる中で私は知った。足利義昭が織田政権を倒すために絶えず努力していたことを。苦境に置かれても、手をこまねいていなかったことを。

ただ、頑張ったけど報《むく》われなかっただけ。

そんなことって誰にだってあるよね。

ザザーン。

この日、鞆の浦では、これから台風が立て続けに三つ来ることが予報されていた。そんななか奇跡的に天候に恵まれ、無事この地を拝むことができたのは、足利義昭さんの粋《いき》な計らいだったんじゃないかしら、なんて、私は勝手に思っている。

鞆の浦。

▼解説 **光秀の辞意**

神田孝平氏所蔵文書より、光秀が足利義昭家臣の曾我助乗《そがすけのり》に宛てた書状に「先行きの見込みがない自分は、義昭から暇をもらって薙髪《ちはつ》（髪を剃ること）して仏門に入りたい」という内容のものがある。年月日不明であるが、元亀二年（一五七一年）の書状ではないかと推測されている。

▼解説 **察しの悪い方へ**

負けたからだよ光秀が。本能寺の変の後、秀吉に。ホントは秀吉だけじゃないけど、代表して、秀吉に負けたことになっているから苦手なの。……察して。

▼解説 現地と観光地は別物

何があるというわけではない〝現地〟は、わりと多い。

本能寺跡でさえ、この感じである（左写真）。

観光するのは現地特有の空気感だ。そこにある空気を吸い、ああこの辺りに本能寺があったのか――などと、しみじみと感慨深く思うのである。

もっと言うと、観光施設がある〝現地〟より、歴史資（史）料館のある〝現地〟の方が私たちにはありがたかった。

本能寺跡。

本能公園と、かかげられた注意書き。

チラリとのぞく「本能」の文字。

目指すは史料館

※錦帯橋――…
スルー
※厳島神社
ザザ
ザザ
ザザザザ
ザザッ
吉川史料館！
ここだっ
こ
なんて清潔感のある史料館なのか！
門構えもご立派！
趣き深し!!
つ
ついに来たんだ……!!
ここに来るためだけに
私はここまで来た――!!
おおお
イお
お気軽にお入りください。
おっ
入り口でのボルテージが凄い。

▼解説　孔明の罠

「待て　あわてるな　これは孔明の罠だ」

横山光輝『三国志』で、蜀国の軍師諸葛亮孔明《しょかつりょうこうめい》の策略に悩まされた魏国の軍師司馬懿仲達《しばいちゅうたつ》が言った台詞。諸葛亮孔明が逃げ込んだ、一見すると隙だらけの城を目にして疑心暗鬼になり、「これは孔明の罠だ」と判断して引き返したというエピソードから。ネットスラングとして、巧妙な罠や疑心暗鬼に陥らせる演出のことを指していわれることが多い。

解説 **まじないの効用**

現実的には、まじないを行うだけで願いが叶うなんてことは絶対にない。願いを叶えるための地道な努力が必須である。

しかしまじないが全く無意味で、そんなものを信じる人はどうかしているのかというと、そういうことでもない。

まじないの効果は、それによって人の意識を高める（火気厳禁なら、火気厳禁に努めようとする気持ちになる）ことにある。意識が高まれば行動が変わり、行動が変われば事の運び（俗に言うと運命）は変わっていく。人の意識と行動を変えることが、まじないの真の効果だ。

ただ、いくら意識が高まったところで、行動が伴わなければ無論、何の効果も得られない。

解説 **鞆幕府の構造**

鞆幕府の人員構成として、足利義昭を庇護していた毛利家当主の毛利輝元が副将軍を任命し、書状でもその肩書きを名乗っている。他に、義昭と共に逃げ延びた幕臣や、毛利家の家臣たちにも、幕府に仕える者として役職を任命していた。

役職に任命されることを名誉としていた中国地方の諸大名らは、足利義昭に献上品を送っている（藤田達生『謎とき本能寺の変』）。

出典1

天正九年（一五八一年）十二月四日、光秀は明智家中において「定家中法度」という五箇条の条書を定めた。

これは「明智光秀家中軍法」への追加項目である。

一、信長の家老衆・馬廻衆に道の途中で挨拶する場合は、見かけてから道の一方に寄って、慇懃《いんぎん》に畏《かしこ》まって通すこと。

一、坂本と丹波を往復する場合は決まった道を通ること。

一、京都に用事がある場合は従者を向かわせること。また洛中においてのその者の乗馬を禁ずること。

一、洛中・洛外を問わず、遊興・見物は禁止すること。

一、道で他家の者と口論をしてはいけない。そのようなことがあった場合は理由はどうあれ成敗する。

内容をまとめるに、挨拶《あいさつ》の仕方やマナー、通勤路の指定、寄り道、喧嘩《けんか》をしないなどという小学校道徳教育のようなものである。ただ、こういった規律を定めた真意について光秀は、「信長の御座所（居室・居場所）は光秀の近辺にあるので、何時も万が一の事態に備えておかなければならない。念には念を入れてこれ以上ないという程に想定したが、悪い事が起きてからでは悔やんでも取り返しがつかない。そのため、結局は規律をしっかり定めることが重要であると考え、違反する者がいれば即座に厳罰に処すつもりである」と述べている。

信長に万が一の事態が起きぬよう考え抜いた結果、どうやら光秀は常日頃から規律を守る習慣を身につけさせることが肝要であると結論付けたようだ。

確かに、規律に従って行動する習慣を軍体全で身につければ、物事は停滞せず、命令系統がスムーズに実行されるようになるかもしれない。

常日頃から規律を守る人

お姉さん、お風呂入りよ。
ぼぉ〜
おん。
はぁ…
ん、あれ〜!? シューちゃんは一体何に疲れてんの？
あんた疲れや。

▶姉の好き勝手をいさめる日々。

▽出典2

元亀三年（一五七二年）七月二十四日、光秀は建造した囲舟に乗り竹生島へ進撃し、火矢、鉄砲、大鉄砲といった火器を用いて敵地を攻めた（『信長公記』）。

琵琶湖での戦いに囲舟は有効であったようで、翌年二月にも今堅田にて挙兵した義昭勢に対して囲舟を用いている。明智軍の攻撃は功を奏し、制圧に成功している。

▼出典3

信長討伐のため、足利義昭は方々に協力要請の書状を送っていた。慈敬寺文書、堅田旧郷氏共有文書、顕如上人御書札案留、土屋文書、革島文書等に、義昭が各所へ連絡を取っていた記録が残されている。

姉の好きな書状
『天正元年12月12日安国寺書状』が、キタ～～～～!!!

※信長の世は近々転落するだろう…的なことが書かれている。

僕の見立てによると、姉は光秀の書状よりも、光秀のことが嫌いだっただろう人物のキワドい書状を見つけた時の方が、より興奮している。

牧田茂兵衛氏所蔵文書、元亀四年（一五七三年）二月十九日付の足利義昭書状では、近江に向けて五、六千の兵を援軍として要請。越前国（福井県）の朝倉義景にも六、七千の兵を志賀に向かわせるよう連絡している。

この書状の中で、光秀の部下であった山本対馬守、渡辺宮内小輔、磯谷久次が光秀に背き足利勢に加担していることが明らかとなっており、「光秀は正体が無い（正気では無い）」と、光秀に対する批判も書かれている。

▼出典4

太田牛一著、桑田忠親校注『信長公記』

巻六「石山・今堅田攻められ候の事」

出典5

太田牛一著、桑田忠親校注『信長公記』

巻首「勘十郎殿、林・柴田御敵の事」

出典6

天正十年（一五八二年）十一月二日付、薩摩国（鹿児島県）の島津義久に宛てた書状（「島津家文書」）には、「信長が天命に見放され自滅させられた。ついては必ず京都に上洛するので援助をお願いしたい」という内容の書状を送って、上洛に対する強い意志を示している（奥野高広『足利義昭』）。

ちなみに足利義昭が念願の上洛を果たしたのは、六年後の天正十六年（一五八八年）正月のことであった。

アクセス **竹生島クルーズ**

滋賀県長浜市港町四

ＪＲ長浜駅下車後、徒歩約一〇分。

名神高速道路米原ＩＣから車で約二〇分。

公共駐車場あり。

おいしい船旅

▼アクセス　**知善院**

滋賀県長浜市元浜町二九

JR長浜駅下車後徒歩一二分。

名神高速道路長浜ＩＣから車で約一〇分。
駐車場なし。

秀吉が長浜城を築城した際、鬼門（北東の方角）を守らせたとされる寺。本堂には大阪城落城の際に持ち出されたとされる秀吉の木像が安置されている。

▼アクセス **鞆の浦**

広島県福山市鞆町鞆

ＪＲ福山駅からバスで鞆港停留所下車後、徒歩約五分。
山陽自動車道福山東ＩＣから車で約三〇分。
駐車場なし。

瀬戸内海を代表する景勝地の一つ。古くから港として栄えており、万葉集にも詠まれているほかに、最近では映画のロケ地としても取り上げられている。
また、福山市街には江戸時代に築城された福山城や、戦後復興のシンボルとして付近の住民が植え付けたことが始まりの「ばら公園」がある。

知善院。

ばらのまち。

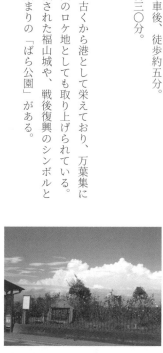

歴史のあとは、仕事なのだ。

人の内実は、外観からはわからないものである。
じぇふの占い
先生、予約のお客様があっ、お勉強ですか！熱心ですね!!
あ、いや…
好きなだけでぇす。
(占いじゃなく歴史の資料読んでたよね〜…)
まさか本能寺の変に人生を捧げているとは思われていないだろう。

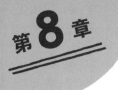

第8章

ちらりと見えた、本能寺の変！
失われた都市「一乗谷朝倉氏遺跡」

本能寺姉弟と頼れる末弟

弟から学ぶことは多い。

福井巡礼

せいち【聖地】
［名］
宗教上、特に神聖視されている土地。キリスト教のエルサレム、イスラム教のメッカ、仏教のブッダガヤなど。

『明鏡国語辞典』


聖地と呼ばれる場所はいくつもある。基本的には宗教上神聖視された場所を指すが、最近は創作の舞台になった場所もそう呼ばれるようになっており、人によって様々な聖地があるといえるだろう。

朝倉氏が治めていた越前国（福井県）一乗谷は、姉にとっての聖地といえる場所であった。

朝倉氏に対する姉の入れ込み様は普通ではなく、まぁ、〝普通〟の姉を見たことはないのだが……、本能寺の変を調査するのではなかったか？　と首をかしげたくなるくらいには、姉はひたすら朝倉氏の調査をしていた。

きっかけは、光秀が朝倉氏に仕えていた時期があるという情報からだ。二〇一四年に発見された新史料により、信長に仕える以前の光秀が幕府に仕えていたと判明するまで、光秀の前半生に関してはろくな情報がなかった。だから光秀が朝倉氏に仕えていたと主張する史料『明智軍記』や『朝倉始末記』が信憑性に乏しく、信じるに値するとは思えない史料であったとしても、ひとまずその情報から調べる他になかったのである。

結果的には、朝倉氏を調べたところで光秀の前半生を知る手がかりには、あまり、ならなかった。しかし意外にも、姉はそこから本能寺の変を解明する手がかりを掴んだという。

「本能寺が見えてきたよ！」

そう言ってイキイキされていたが、正直なところ僕にはよくわからなかった。というか、ちゃんと本能寺を見据えて調べていたことに少し驚く。

「よ、よく見えたね？　僕はてっきり、朝倉さんのことを調べるのが、お姉さんの新しい趣味になったのかなと思ってた」

「ぷっははは！　いいねそれ」

姉は自分に対する批判的コメントに、なぜかものすごくウケる。そして上機嫌で〝朝倉さんを調べる価値〟について語り始めた。それは朝倉氏が、実のところ模範的な領主だったのではないかという話から始まるのだが――……、一般的に朝倉氏は、そんな風に評価されてはいない。

一般に知られている朝倉氏のエピソードを紹介すると、十五代将軍となる足利義昭がいよいよ上洛する、ここぞ！　という時に、当時の領主朝倉義景《よしかげ》は自分の息子が亡くなったショックで上洛する気が失せてしまう。それでみすみす信長の介入を許し、代わりに上洛されてしまった。このことから朝倉義景は、チャンスが生かせない無能な人というレッテルを貼られている。▼解説 その他朝倉氏への無能疑惑

エピソードの出典は誰がいつ書いたかなどは不明の『朝倉始末記』で、内容は朝倉氏の始まりから信長に攻め滅ぼされるまでを描いた軍記物、つまり合戦を題材とした物語である。

だから物語なんでしょ、と姉は言った。

「やる気が失せたから……って。そんな理由が通ると思う？」

「マイホームパパだったんだね」

「それじゃあさ、パパはそこで落ち込んでたらいいよ。他の人に行ってもらいなよ～」

実のところ朝倉義景の治める越前国一乗谷は、この後信長に攻め滅ぼされるまでの約百年もの間、敵勢を国外で防衛することに成功し続けていた。ただ漠然と平和を享受《きょうじゅ》していたわけでも、義景を支える家臣がいなかったわけでもない▼出典1。

「それ知ってるからね、この物語にはだまされないぞ！」

こういう史料を真に受けて、朝倉義景が無能だったと片づけるのは私は絶対気に入らない。気に入らないんだ！　握り拳を振り上げもの申す姉の言い分はわかるがしかし、歴史上の人物評など結局のところ結果論でしか判断できない。「頑張りましたが、たまたま上手くいきませんでした」なんて書面上は通らないので、なにかしらもっともらしい理屈が添《そ》えられる。

「そう！　だからこそ当てにならないの」

笑いながら、姉は続けた。

「歴史に限ったことじゃないけど、先見の明があったとか、良い人だったとか、無能だったなんていう人物評は、全部無視した方がいい。なにがチャンスだったかなんて、その時はわからないものなんだから」

ほう、なにかとても説得力がある感じがする。

「だてに人生見てないからね！」

あ、親指立ててる。毎日仕事で人の人生と向き合っているだけのことはあるってことか。

「人生見るときは、既成の価値観に捕らわれちゃいけない。感情にも流されちゃいけない。ただ黙々と、出来事だけを見るんだよ」

百年の平和を実現していた朝倉氏の治めた一乗谷は、当時の京都を凌《しの》ぐ繁栄を見せていたとされている。当時、文化の中心は京都であったが、応仁の乱など幾多の戦乱で荒廃して治安が良くはなかったために、多くの文化人が京都から程近い一乗谷へと流れたのだ。訪れた文化人は、公家、僧侶、文人、芸人など多種多様で、一乗谷は京都から下向してくる文化人を受け入れるなかで栄えたという▽出典2。

「なるほど。朝倉さんは中央の文化にも精通していたと考えられるんだね」

「そうみたい。だから朝倉政権の下した判断がそこまでズレてしまうものだろうかなぁ？　って思った。上洛しなかったことにも、なにかまともな理由があるんじゃないかと思えてきてさ」

「つまり個人の感情で政治ができるほど、朝倉さんの国の影響力は小さくなかったってこと――」

「おおっそうなんだよ！　そんでもってさらにだ、比較対照として面白いことに、あのお方と朝倉さん、共に斯波《しば》氏から独立したってこと知ってた？」

そうであった。織田氏や朝倉氏は、もともと斯波氏の守護代。つまり守護（この場合は斯波氏）の代わりに現地の管理を行う職に就いていた。後に両氏は守護から独立して国を治めるようになるのだが、家督争いの中で親族や譜代《ふだい》家臣（代々主君に仕えている家系の家臣）を失いに失った織田氏とは対照的に、朝倉氏は争いがあったとしても速やかな収束を果たし無難に国を引き継いでいる▽出典3。

「無難に国を引き継げたんなら、朝倉さんは無能じゃない。普通だ!!」

「えーっと……それって誉め言葉？」

「なんの。普通ってのは真ん中じゃなく、理想に近いんだよ」

そうパフュームが歌っていたと、僕は『Ｄｒｅａｍ《ドリーム》 Ｆｉｇｈｔｅｒ《ファイター》』（二〇〇八年十一月十九日に発売されたＰｅｒｆｕｍｅの８ｔｈシングル）を聴かされた。な、なるほど。

「世界中のみんな、朝倉さんは普通にガンバったー――！！　って、二階の窓を開け放って叫び出したい気持ちになるよね！」

「情熱を持ってることはわかったけど、絶対やめて」

あはは、ダメかぁ！　絶対ダメかぁ～～!!　正直、姉の笑い声は窓を開け放たずともご近所中に丸聞こえだ。

「ああ、それで私、朝倉さんの家臣構造とか、どうして上洛しなかったのかとかをそりゃーもう執念深～く調べてたんだけどさ。そしたらついに、そこから見えたんだ！」

……え？


「ほ、本能寺が？」

「そう本能寺が！」

なんと。ここで僕らの信じる本能寺調査は、一歩前進した……！

!!


――と、いうような経緯があって、朝倉氏の拠点である一乗谷は姉にとって特別な場所。すなわち、聖地も同然であった。一乗谷へ巡礼する日が決まったときはもう最高潮のテンションで「楽しみすぎて私、眠れるやろか?」などとはしゃいでいたが、気付いたときには熟睡していたそうである。

これは……どうでもよい情報であった。僕は強制的に、姉からもたらされるあらゆる報告を聞かされ続けているのだ。

さて、福井県福井市にある一乗谷朝倉氏遺跡であるが、ここは当時の町並みがほぼそのままの形で残されていることから遺跡全体が国の特別史跡になっているそうである。

▽アクセス 一乗谷朝倉氏遺跡

では行こう。姉の言う〝聖地〟へ。

ゴールデン一乗谷

ところが、夢にまで見た聖地にて、僕らは途方に暮れていた。

「なんってでこんなに人がいるわけ？」

一乗谷は人であふれていた。

思い当たる理由は一つ。ゴールデンウィークだからだ。

「なにそれ……」

わかってなかったのか。カレンダー通りの生活をしていない姉には、そういう概念がなかったらしい。

「帰ろう。団体行動なんて無理」

歩くのをやめて姉が言った。

「いやいやいや、僕が旅行に行けるのは、ゴールデンウィークで休みだから、だからね⁉」

姉は本気で〝そうだったのか〟という顔をした。本能寺の変を調査し始めてもう五年以上経っている。

僕はとっくに社会人になっていた。

「おいおいなんだそれは、こんな日でないと動けないとはなんったる矛盾!!」

いや、そうやって頭を抱えられてもな。

「僕が参加しているのも、ゴールデンウィークだからだよ」

姉をなだめるようにそう言ったのは、僕らのもう一人の姉弟、末弟のレイであった。姉弟の中で最も女子力が高く、最新機器を使いこなしていつも誰かと繋がっている、世渡り上手な現代っ子だ。本能寺の変に興味はないが、史跡を訪ねるのは好きだからと僕らに付いてきてくれたのである。

▼解説 **レイ**

「ああ、そうだったね……三人一緒に聖地に来れたのは、ゴールデンウィークのおかげだったんだね……お姉ちゃん、すごく嬉しい。レイティーも一緒だから、日を改めるのはやめて今日頑張ることにする」

「頑張れそう？　よかった」

レイティーがやんわり言って、新緑に映える史跡をカメラに収めた。

……それにしても、やれやれ。姉のテンションがとても低い。

「私はもう、みんなのことが、わからない。朝倉さんのこと、あんなにバカにしていたくせに。一乗谷のこと、聖地と思っていないくせに」

観光客であふれる聖地に独特な悪態をつく姉。なにをこんなにぐずっているのかというと、困ったことにこの人は「団体行動が恥ずかしい」

映える史跡。

という特殊な羞恥心《しゅうちしん》を持っていて、こうやって同じ目的を持った人たちと行動を共にするのがメンタル的にしんどいのである。世の中にはこのように、実に様々な価値観を持つ人がいるものだ。

「うぅ……誰もいない脇道があるなら、私はソコに入りたい……」

脇道に逸《そ》れたがる姉を、ぼーっとしてても目的地に着けるから気楽だよ！　などと言って励ます僕。

かたや弟のレイは楽しげで、のどかな遺跡の情景にレンズを向けて満足気だ。

実に穏やかな景色である。（撮影者、レイ）

ああ穏やかだ。（撮影者、レイ）

姉よ、それは脇道ではない。（撮影者、姉）

　こうして僕らが人の流れに付き従って行き着いたのは、朝倉さんを祀《まつ》っているらしき場所。ここで人々は線香を提供され、順々に手を合わせている。

「こんなところに朝倉さんの墓があるんだったかな……？」

　思考力ゼロ状態の姉がうつろにそう言って、自分のカバンから自分の線香を取り出した。出た、必携「おでかけセット」だ（**3章　未知なる神吉参照**）。

「朝倉さんに、祈りたい……」

　行列ができているからスルーするかと思ったが、祀られてるのが朝倉さん、というだけあって、どうやら並んででもお参りする気でいるらしい。

「朝倉さんは大事な人だ。朝倉さんを評価することで、どれだけこの世界が開けたか……」

　朝倉氏を調べるなかで本能寺の変が見えたという姉。それは朝倉氏との比較の中で、信長の至らぬところが見えてきたということである。

　〝普通〟つまり理想に近い標準的な領主だったであろう朝倉氏の政治の仕方と、信長の政治との違いは何か。普通じゃない政治はすなわち、非常識な政治なのだ。そこに本能寺の変を紐解く手がかりがある――。

「私たちに〝普通〟を教えてくれた朝倉さんに、敬意を示したい」

お姉さん、写真ブレすぎ。
……え、写真これしか撮ってないの⁉

「そうだね。で、それはいいけど、大丈夫？」

「……大丈夫？　……とは？」

お焼香の行列に加わった瞬間、想定通り一層心挫《くじ》かれた様子の姉だったが、なんとか焼香までたどり着き、持参した線香に火を灯す。すると、またも珍しくきちんと火が付いた。意外に思いながら横目で観察を続けていると、手を合わせた姉がつぶやく。

「朝倉さん。私の線香は、マイ線香です」

どういう自己アピールだろう？

「おわかりでしょうか！　朝倉さんに対する、敬愛の念を！」

弟はというと、至極自然に姉との距離を置き、関わらないよう努めている。幼い頃からそうだったからわかっているが、無関係を装《よそお》うなんてずるいぞレイ。それで結局、姉の面倒はいつも僕が見る羽目になるのだ。

はぁ、それじゃ、行こか……疲れ果てた様子で姉が号令をかけた。言っておくけど僕だって人混みが苦手で、疲れているからね。

道のりの途中には「湯殿跡庭園」という、姉の見たがっていた場所があった。下の写真がそうなのだが、しかしここも当然、人だらけだ。

「ここに来たら私、感動して泣くんじゃないかと思ってたな……」

湯殿跡庭園。

遠い。心の距離が遠いコメントだ。うん、そういう涙が出る気配もなさそうである。

「へー、ここはなんなの？」

姉とは違い、常時平和なレイが問う。

「湯殿跡庭園。一乗谷の高台に残された庭園の遺構（立石群）」

ちゃんとした庭園まで作ってあるんだから朝倉さんはやっぱりちゃんとした人なんだよ〜と、姉がさんざん感心していた遺構だ。当の本人は今、心ここにあらずだが。

「ふーん」

パシャ。弟が静かにシャッターを切った。——てちょっと姉よ、どこへ行く⁉

ロンリーオンリー南陽寺

「私、南陽寺が見たかったんだけど」

突然、生気を取り戻した声で姉が言った。

そうだった、予想外の一乗谷の有様に、その目的をすっかり忘れていた。

「わぁああうそうそ、まじでぇ〜♪」

あれ、なんだろう姉のこの元気さは。

見ると、南陽寺の案内板が、人の流れと別方向の、さみしげなあぜ道を指し示している。

か、観光ルートから外れている、だと！

「はわあぁぁぁぁあ〜！　閑散《かんさん》としてる！　見放されてるぅう〜!!」

「え、こっちなの？」

誰もいないことを警戒しながらレイが問う。

「そうだよレイティー、行こう！　あーっはははっ！」

誰もいないことに最高に滾《たぎ》る姉。この人の、朝倉さんに対する敬意とは一体……。複雑だ。

「ねぇこっちであってるの？」

一乗谷の喧騒から一変、人っ子一人いない山道にさしかかり、先ほどまでとのあまりの落差に耐えかねてレイが尋ねた。うむ。僕らは完全に正規のルートから外れているようだ。しかし……。

「僕ら的には、これであってる」

南陽寺は朝倉一族によって創建された尼寺であった。一五六八年、上洛の手筈を整えていた次期将軍、足利義昭を招いた朝倉義景が、花見の歌会を開いたという話がある。

圧倒的無人。

「南陽寺って面白いんだよ、レイティー。噂によるとヨシアキも来てたんだから」

姉は将軍に対して妙にフランクだ。

「ヨシアキ？ あ、そお……」

そして弟は、たぶん足利将軍に興味がない。

もろともに 月も忘るな 糸桜
年の緒長き 契りと思はば 足利義昭（この頃は義秋と名乗っていた。）

君が代の 時にあひあふ 糸桜
いともかしこき けふのことの葉 朝倉義景

彼らがここで、こんな歌を詠んだという話もある。
ただ出典が『朝倉始末記』と、信憑性は低いのがちょっと残念であるのだが。それでもそういった逸話のある跡地が、ここまで注目されていないというのは意外だった。▼解説 足利義昭の一乗谷滞在
「……ヨシアキさんでは人が集まらないのか？」
「シューちゃん、ヨシアキに失礼やで」

南陽寺。

姉に窘《たしな》められながら南陽寺跡庭園、つまり南陽寺に到着した。▼アクセス　一乗谷朝倉氏遺跡

「すばらし〜い！」

姉が一人興奮している。見てー！　と叫んでいるので見ると、朝倉義景と足利義昭の詠んだ歌の石碑が残されていた。歌に詠われていた情景を反映しようとしたものか、高台から平地を眺める方向に糸桜もあるようだ。

「なんだこれ〜！」

斜面で姉とレイがうきうきしている。

そこにあるのは進入禁止の看板だが、二人はなぜかこの看板と記念撮影を始めた。

「どうして行っちゃいけないんだろう？」

姉が行ってはいけない〝いくな〟の先の行けない理由をやたらと気にしはじめた。面倒なことになりそうだ。制止しようとしたところ、なにかに姉が仰天している。

歌の石碑。

糸桜。

行ってはいけない。

「どうしたの？」

「いや……レイティーがさ」

深刻な顔で見せられたのは、花の写真だった。

「レイティーが、野に咲く花を撮ってる」

「……」

「姉弟なのに、なんで私はそういうものに興味がないのだろう？ 私もいつか、興味を持ったりするのだろうか？」

花に興味のある姉。いや怖い怖い。誰だよ。

その後も姉は、なぜ花の写真を撮ろうと思えたのか？ とレイをしつこく尋問し続けたが、「かわいいから」以外の回答を得ることはできなかったようである。か、かわいい……？ 自分にはない感性を目の当たりにした姉は結局〝レイティーはスゴい奴〟という雑な結論に至ったようで、

「今日泊まる旅館の温泉はねぇ、ミーちゃんが湯治《とうじ》したって話がある温泉なんだよレイティー」

と、歴史の世界にあっさり戻った。

「あれ？ シューちゃん、それってなんだっけ？」

かわいいから。

かわいいから。

「明智軍記の山代温泉」

〝それ〟と言われただけで、反射的に出典と温泉名を答えてしまった。アクセスは章末に。▼解説『明智軍記』▼アクセス　山代温泉

どうやら僕は、骨の髄《ずい》まで花より本能寺の変の姉の、弟であるようだ。

――やっとの思いで朧気《おぼろげ》に見えてきた本能寺の変。

僕らはそれを、もっとはっきり見てみたい。

▼解説　**その他朝倉氏への無能疑惑**

甲斐国（山梨県）領主、武田氏からの苦情がある。

元亀三年（一五七三年）十二月二十八日付の書状によると、武田軍が三方ヶ原《みかたがはら》にて信長に味方する徳川家康に勝利したのに、織田軍を包囲していた朝倉氏が軍を帰国させたことを責めている（高柳光寿『明智光秀』）。

家康に勝利した勢いに乗って進軍したら勝てたかもしれなかったと、軍を引き揚げた朝倉氏を責めたのだ。

しかし朝倉義景は自ら進んで軍を引き揚げたのではない。浅井氏と連合して織田軍と衝突し敗北したのだ（『信長公記』）。これは決断力云々《うんぬん》の話ではない。

それより以前、元亀元年（一五七一年）十二月に朝倉義景が軍を引き揚げたことを責める向きもある。

そのときは、確かに軍を引き揚げた。

しかしそれは足利義昭の仲裁で和議を結んだからである（『信長公記』）。和議が成立しているのだから軍を引き揚げなくてはおかしい。

従って、朝倉氏に対する誹謗中傷はどれも言いがかりに近い。

▼解説 レイ

本能寺姉弟の末弟。

外見はシューちゃんを細長く伸ばした感じだが、雰囲気は柔和で、女子力が高い。

姉の話を携帯片手に聞き流し、常に何者かと通信している。

姉弟の知らない間に一人、ないしは友人たちと旅行へ行き、おいしいお土産とリア充写真を提供してくれる。

友人たちとどこかへ、初日の出を見に行ったらしい。

土曜日を続けたい

▼解説 足利義昭の一乗谷滞在

足利義昭が越前国（福井県）に一時期滞在していたことは、『信長公記』に書かれている。

また、足利義昭が当時発行した書状の副状として朝倉義景の書状が添えられていることからも（『上杉家文書』）、越前国で義景の庇護を受けていたことがうかがえる。

解説 **『明智軍記』**
本能寺の変から約百年後の元禄元年～十五年（一六八八～一七〇二年）頃に書かれた、光秀を主人公とした軍記物。
内容に間違いがあったり、他の史料との整合性が取れないことから、史料としての信憑性は低い。

出典1 『朝倉孝景条々』
吉岡泰英氏「一乗谷の都市構造」

出典2 水野和雄・佐藤圭『戦国大名　朝倉氏と一乗谷』

出典3 河原純之編『日本の美術　第二一四号　一乗谷遺跡』

アクセス **一乗谷朝倉氏遺跡**
福井県福井市城戸ノ内町
ＪＲ福井駅から一乗谷特急バス復原町並停留所下車後すぐ。

北陸自動車道福井ICから車で約一〇分。

駐車場あり。


一乗谷朝倉氏遺跡には、当時の町並みがほぼ完全な形で立体的に復原されており、「復原《ふくげん》町並」と呼ばれている。

これは朝倉氏が越前国を治めていた時代の武家や住民の屋敷、道路といった城下町の町並みが、ほぼ完全な形で発掘されたことから可能となった。

復原町並。

▼アクセス **山代温泉**

石川県加賀市山代温泉北部三
JR加賀温泉駅から車で約一〇分。
北陸自動車道加賀ICから車で約一五分。
駐車場あり。

旅行、あ、ではなく福井巡礼の〆に訪れた場所。

『明智軍記』によると光秀がここで十日程の湯治《とうじ》を行い、怪我を完治させたとの報告がある。『明智軍記』による報告なので信憑性は低いが、源泉かけ流しの温泉を利用した温泉街が、千三百年前から現在に至るまで人々に愛され続けてきたことは、真実。

次の旅先!?

深夜一時。
ねぇ、六角さんてどう思う？
ガチャ…
あやしいよね？
う〜〜〜ん、
——寝ろっ。
織田軍を裏切りがちな六角さんの史跡に行きたいなァ!!
← 桑實寺《くわのみ》
ね、ね!?
ズンドコ
← 沙々貴《ささき》神社
ドコドコ
ウワ——ッ入ってきた！
いつ行く？
いつ行く!?

▶六角氏かぁ〜……って、寝させてくれ——！

第9章

光秀の夢？多聞院英俊と見る、罠と恨みと地獄の日々

猿沢池の怪

ここが怪異現象があった猿沢池だよ。『多聞院日記《たもんいんにっき》』にそんな記録があったでしょ？

ああ、池の水が赤く染まったという…。

奈良にて仕事中
にわかには信じられないな!!

菌か何かじゃね？

たはははは
この人は何があってもだいたい笑えるみたいなんで……、気を悪くしないでください、多聞院《たもんいん》さん。

あれ？でもそれっていつのことだっけ？

元亀3年に彗星《すいせい》が飛来した時期やね。奈良の人たちは彗星と池の変色に驚いて、不安になってた。

読み込みスゴッ！

そうやってさぁ、色んなコトを心配しちゃう多聞院さんって面白いよね〜！

多聞院さんは面白くなかっただろうけどね。

悪夢

元気いっぱい活動していた信長や光秀の様子を、奈良県からつぶさに見ていた人がいる。興福寺は多聞院院主、多聞院英俊《たもんいんえいしゅん》である。英俊が残した『多聞院日記』には、光秀の夢を見たことまでもが記されている。

天正八年（一五八〇年）二月二十八日、信長の命令で光秀が使者を大和国（奈良県）へ派遣する夢を見た。

そのうえなんと、夢は現実になる。

丹波を平定し終えた光秀が、信長とともに統治国内の整理を行いはじめ、奈良に到来することとなったのだ。奈良の人たちは慌てふためき、貴重品を隠すなどする騒動になった。

そう……多聞院英俊にとって光秀の夢は、どちらかといえば「悪夢」の部類なのである。しかもこのとき光秀は、奈良を統治するための画期的新政策を、二つも携《たずさ》え到来したのだ。

「あはははははっ！」

困惑しただろう多聞院英俊を想像し、史料を見ている姉がひとりで爆笑している。な、なにがそんなに面白いのか……。

光秀はまず、新政策の一つ「一国破城」に着手すべく奈良へ向かっている。

一国破城とは、信長に背こうと思っても対抗できないよう、一つの国（大名の治める領地。大きさは様々だが、江戸時代の「藩」に該当する）につき、建てる城を一つにするという政策である。

そして奈良でただ一つ、織田政権が建っていることを認めた城がこちら（写真）。

「――、建ってないやん！」

「櫓《やぐら》はあっても天守はないのかー」

現在見れる櫓や門は復元されたもので、当時から残っているのは石垣くらいであるようだ。

「しかしまぁ、当時この城以外の全ての城を破壊するために、ミーちゃんは奈良を訪れた……」

「ぶっはははははっ！　えらいこっちゃ！」

「……」

多聞院英俊の悪夢は、そんなに笑えるものなのか。

「多聞院さんは、さ、これからどうなるんだろうってとき、ワクワクし

城？

たりしなかったのかな？」

「嫌でしか、なかったんじゃない？」

「えー気の毒ぅ」

……そうか！　この人は波乱好きなのだ。非常事態の緊張感を〝ワクワク〟と捉えているのかもしれない。うーむ、感性がズレている。

一方、日記から垣間見える多聞院英俊の感性はなんというか、庶民的。〝何事もなく〟生きていたかったのだと思う。だからいつもと違う出来事が起こると過敏に反応しているし、不安な胸の内を記録に残している。

「何事もない人生なんて面白くないよ、そんなの――」

家畜と一緒じゃないか！　は、『進撃の巨人』エレン・イェーガーの台詞だが、これと同じ台詞を、僕はこの漫画が世に出る前から聞いていた。▽解説『進撃の巨人』

「多聞院さんも、不満があるならウジウジ言ってないで、困難に立ち向かうべきだね！」

それができないから悪夢なのだ。と言っても、エレンに近い人間に、安寧《あんねい》を求める多聞院さんの気持ちなどわかりそうになかった。

罠

奈良県大和郡山市にある郡山城《こおりやま》は、筒井順慶《じゅんけい》によって一五八〇年から城として整備され始めた。完成したのは光秀が亡くなった三年後で、城主は順慶から羽柴秀吉の弟、羽柴秀長に変わっている。天守台周辺の石垣には「逆さ地蔵」と呼ばれる石仏があり、有名。▼アクセス 郡山城

「それって転用石なんでしょ？」

「見てみないとわからないね」

「ふん。どうせ転用石だよ」

逆さになってるぐらいでなにさ、と姉が逆さ地蔵に難癖を付けてきた。

「聖地（一乗谷朝倉氏遺跡）では、破棄した地蔵を橋に転用してたから、みんなその上を踏んで渡った。逆さなぐらいなんてことない」

ああ、これはきっと石仏を石材として利用したことを、無法だなどと恐れおののく風潮に何事か物申したいのだろう。

「今の感覚でものを見過ぎだと思う」▼解説 転用石と当時の感覚

迷信にとらわれちゃってさ、とたたみかける姉は今日も、いつも空いてる四十二番に自転車を駐輪し

てきたという。迷信と紐付けされがちな占い師という立場から、迷信を払拭したいそうだ。また修羅の道を進んでいるなぁお姉さん。よし……話題を変えよう。

「郡山ではどんな資料が入手できるだろう？」

「おおっ資料⁉」

計算通り、シッカリ食いついてきた。

「私は筒井さんの生き様をまとめた資料がほしい！」

「マニアックすぎる」

「そうなの？」

しかしないとも言い切れないか。姉は妙に運が良いし、そんな資料があるんだったら僕だってお目にかかりたい。（そして、そんな資料は実際あった。**5章 ▽アクセス 箱本館「紺屋」参照。**）

先行きに期待しながら、それなりに長い道のりを歩いた。

ひたすらに歩いた。まだまだ歩いた。歩い……。

「お・か・しーーーーーっいっっっ！！！」

姉がキレた。

「櫓は見えているのに、全ッ然、たどり着けないじゃん‼」

これはアレだよ、アノ罠だ！　と騒ぐ姉が伝えたいご様子のアノ罠とは、城道を迷路のように入り組ませ攻め込んだ敵を惑わすという、あの罠のことだろう。**▽解説 あの罠**

あの罠にかかると人はこうなるのか。早急に案内板を見るとしよう。あれ？

「おかしいな。スグそこを曲がれば天守なのに」

どういうわけか、そこにA型バリケードが置いてある。しばし別の道を模索するも、やはりバリケード地点を曲がりたい。

「……」

「……」

僕らは悩んだ。僕らは変人かもしれないけれど、社会のルールは守るタイプの変人だ。誰も見ていなくとも、全く車が通らなくとも、赤信号ならきっちり止まる。立ち入ってはいけない場所に無断で立ち入るなど、言語道断の悪事。それでなにか事故があったら、それは自業自得の天罰である。

「でもこのままだと、天守跡にたどり着けないんじゃ？」

姉が言うが、事実そうなのである。どうも他にルートが見いだせない。

「え、ダメじゃん。そんな理不尽ありえない。私は、屈しない！」

「……そんなこと言われても。通行禁止じゃ……」

「失礼しまーす!!」

姉が切り込んだ。

「本当にごめんなさい、ちょっと通してください申し訳ございません、あホントすみませーん」

謝罪しながらバリケード横をすり抜ける。

「……」

向こう側の姉が言った。

「本能寺のためだった……私は不良だ」


――注意されたら素直に謝ろう。

罪悪感に駆られながら、不良の僕らはおっかなびっくり天守を目指した。すると、いとも簡単に天守台に到達する。

「おいおい。悪いことしたのに、何事もなく着いちゃったよ」

「皮肉だね」

それにしてもあのバリケード、なにを禁止したかったのだろう。ここまで普通の道だったし、おまけに先に天守台を見ている人がいた。あの人も当然不良ということになる。

「う～ん……」

天守台に上がれるところがあったので、そこから石垣を観察していた姉が何かに納得していない。

「あそこにもバリケードがあるんだよね」

こちらは何を禁止したいのか、なんとなくわかる感じはするが……。

気になるバリケード。
なんか雑に置かれているな……。

「私たちを阻《はば》んでいたのと同じやつだ」

同じバリケードは道中ちょくちょく見かけた。役割が与えられず、道の脇に置いてあるものも結構あった。

「あのバリケード、ひょっとしてイタズラだったんじゃないのかなって、今はちょっと思ってる」

言われてみれば雑な置き方だったし、そうなのかもしれない。だとしたら、僕らにとって有効的過ぎるイタズラだったといえるだろう。

すっきりしない気持ちで天守台を見てまわった。裏手に、「逆さ地蔵」を発見する。

見るとそれは予測通り転用石ではあるのだが――。

「逆さの状態が、すごく予想外やねんけど〜!」

石の隙間をのぞき込んでいる姉が、すぐ側に控えている僕に大声で報告してくる。そもそもこうやってのぞき込まないと見れないものだったことも予想外である

地蔵は、足を手前にしたうつ伏せ状態で石垣に組み込まれていた。

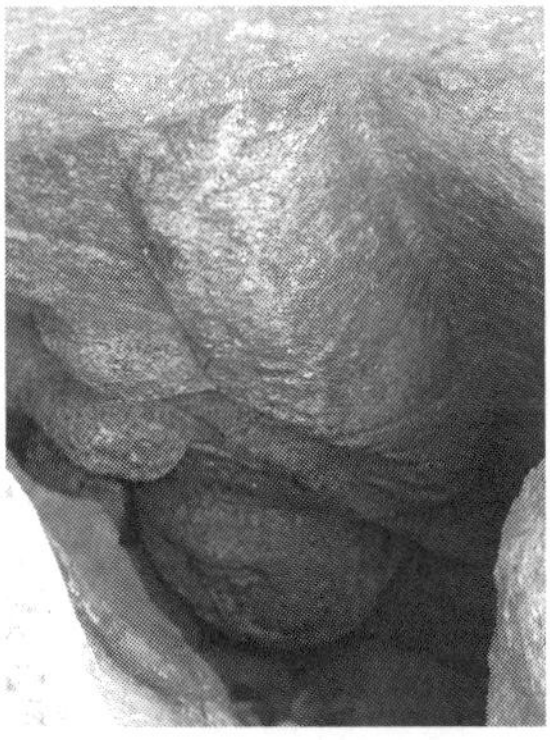
失礼します。

通常とは反対のことを「逆さ」と言い、顔を下に向けて腹ばいになることを「うつ伏せ」と言う。

なぜ、より的確な状態を示す言葉を使用しなかったのか？　うつ伏せという表現が何らかの理由で使用禁止なんだとしたら、私はツッコミ地蔵にする！　いや、寝かせ地蔵でどうだろう？　など、しっくりきそうな改名案を姉弟間でぶつけあいつつ、僕らは郡山城を後にした。

それにしても、と苦笑いの姉が言う。

「実際に見てみないと、わかんないもんだね。なんでもさぁ」

「まぁそういうことだね」

本能寺の変について調査する中で、聞いていた情報と違う事実を知ることはよくあった。

「全然違うって思ったことの、一番はなに？」

突然の、姉の問いかけ。姉との会話に脈絡を求めてはいけない。この人の言いたいことを、察するか、察せられないかだ。

そしてこういった質問に適当に答えてはならない。なぜそう思うのかと根ほり葉ほり聞かれるからだ。そのしつこさたるや適当な答えでしのげるような代物ではなく、手を抜いたことがバレてしまうとなぜ真剣に答えないのかと根ほり葉ほり聞かれてしまってえらいめにあう。

僕はこれまでの記憶を総動員し本気の解を求めた。——怨恨説《えんこん》。集計の結果、僕が出した答えはそれだった。


怨恨説！！！

回答に興奮した姉が叫んだ。シューちゃんそれだよ！　それは圧倒的な一番だっ‼

僕の回答をもうめちゃくちゃ気に入っている。こう言えば怨恨説、ああ言えば怨恨説……。気に入りすぎて、怨恨説の話しかしなくなってしまうほどに！

こうなってしまったら、気が済むまでその話しかしない。それが姉だ。

「怨恨説はホントすごかったね、なぁ、シューちゃん！」

「はいはい」

次の目的地を紹介するまでの間、僕と一緒に姉の怨恨説話につきあっていただけるとありがたい……。

怨恨説

私たちの信じる本能寺の変を見つけよう！

そう誓い合ってまず最初に定めた目標は「本能寺の変を百個集める」ということだった。コラム「本能寺の変×百」は、その収集結果である。

百という数字は、私が喫茶店でアルバイトをしていた時、共に働いていた女学生が「教授は論文を書くのに百冊ぐらい本を読むって言うんですよぉ〜、うふ、無理ぃ〜」とサイフォンコーヒーを入れながらこぼしていたのを聞いてそう定めた。

百冊読むのが論文作成の最低ライン。

奇《く》しくも有益な情報を掴んだ私は、百冊読んでもわからなくてはじめて「本能寺がわからない！」と嘆《なげ》く権利が手に入るのだと、自分自身に認識させた。それまではわからなくて当然だから、ただひたすらに勉強しようぞ。

「だからまず、本能寺の変を百個集めよう！」

「ははは、……百個ね」

全く感情のこもっていない乾いた笑い声をあげながら、弟がそれを承諾した。

気がついたら、本能寺の変は百個以上集まっていた。表向きはそれぞれの人生を歩んでいるように見えて、その実常に本能寺の変のことを考えていたおかげだろう。集めたというより、集まっていたという感じだった。

その一つ一つの本能寺に、我々としては様々な思い入れがあるのだが、光秀が信長を恨んで本能寺の変を起こしたという報告は、本当に山ほどあって驚かされた。

ザッと挙げてまとめただけでも次のようになる。中には史料となり得ない現代小説も入っているけど、世間で広く認知されている怨恨説であるはずだから、あえて無視せず取り上げている。なかなか壮観なのでぜひ見てほしい。

①ある日。

●信長と二人で話し合っていたところ、反論した途端、足蹴にされた（ルイス・フロイス『日本史』）。

●満座の中で、信長に命じられた森成利《なりとし》（乱丸）に頭を叩かれた（『絵本太閤記』）。

●三月三日の節句に、満座の中で面目を潰された（『川角太閤記』）。

●光秀の妻を襲おうとした信長が、逆にのされたことを恨んで、その腹いせに度々暴行を受けた（『落穂雑談一言集』）。

②ある日、宴会の席で。

●席を立つと、戻って来る所に待ち伏せされ、槍《やり》を突き付けられた（『義残後覚』『柏崎物語』）。

●酒を断ると、抜刀し「刀を呑め」と脅された（『常山紀談』）。

●酒を断ると、槍を通すと脅された（『続武者物語』）。

③徳川家康を接待した際に。

●饗応のために用意した生魚が悪臭を放っており、「この魚は腐っている！」と怒った信長によって接待役を交代させられてしまい、光秀は面目を失った（『川角太閤記』）。

●「肉が臭い！」と、草鞋《わらじ》で食材を踏み散らされた（『常山紀談』）。

●「饗応が豪華過ぎる！」などと因縁をつけ、激昂された（『絵本太閤記』『武家事紀』）。

●家康の接待が終わったところを、信長にけしかけられた小姓の森成利（乱丸）をはじめとする小姓衆四〜五人に襲撃され、その様子を観察された（『明智軍記』）。

④武田氏討伐後、宴会の席で。

●「長年骨を折った甲斐がありました」と言った光秀に対し、「お前がいつ、どこで骨を折ったか言え」と頭を鷲掴みにして引きずりまわし、欄干《らんかん》に頭を打ちつけられて額が割れ、血が滴《したた》った（『祖父物語』）。

●森成利（乱丸）に命じて腰刀で頭を殴られる（高橋和島『浅き夢見し』）。

●扇子《せんす》を投げつけられたり、刀を突き付けられるなど散々な仕打ちを受けた（早乙女貢『明智光秀』）。

⑤朝倉、浅井氏討伐後、宴会の席で。
●髑髏《どくろ》の盃《さかずき》での一気飲みを強要され、無理矢理飲まされた（司馬遼太郎『国盗り物語』）。
●盃を投げ付けられ、額が割れて血が滴った（内田康夫『地の日、天の海』）。

⑥丹波攻略のため、人質に出していた母親を見殺しにされた（『総見記』『柏崎物語』）。

⑦斎藤利三《としみつ》仕官の是非をめぐって口論し、結局は暴力を振るわれた。
（『明智軍記』『陰徳太平記』『続武者物語』『川角太閤記』『常山紀談』）

⑧比叡山焼き打ちの是非をめぐって口論し、投げ飛ばされた（司馬遼太郎『国盗り物語』）。

⑨小姓の森成利（乱丸）が信長に「丹波国が欲しい」とねだり、聞き入れた信長が光秀に国替えを命じた（『陰徳太平記』）。

⑩快川《かいせん》国師の恵林寺焼き打ちを止めさせようと諫言し、散々に折檻された（『絵本太閤記』）。

⑪妙国寺の蘇鉄《そてつ》植替えを諫言し、勢いするどく頭を叩かれた（『絵本太功記』）。

おおぉっ、勢いするどく……叩かれたっ！

「あははっ！」

「……お姉さんそういう話好きだよね」

「ある意味凄いじゃないか！　見てきたように書いてあるけど、これ全部嘘なわけだし」

「ある意味、凄いね」

そう、こんなにたくさんの証言があって、全部いい加減な話なのだ。

①②は、ある日の出来事という曖昧《あいまい》な時間認識であるうえに、どの話もその裏付けが取れない。

この中では唯一、宣教師ルイス・フロイスが記した『日本史』が信憑性の高い史料といえるのだが、その証言「信長と二人で話し合っていたところ、反論した途端、足蹴にされた」の続きに「それは密かになされたことであり、二人だけの出来事であった」と書かれている。二人だけの間で密かになされた出来事を、なぜフロイスが知っているのか——？　という、この矛盾点をどうすることもできず、結局その話の裏付けも取れない。

またフロイスの同史料に「信長は酒を飲まない」とある。だから酒を強要する系の話の中で信長自身が酒を飲んでる様子があるなら、信長に対する理解が浅い。それにナゼだか、光秀は下戸らしき扱いを受けているが、光秀が下戸であったという証拠はない。そしてやっぱりこれらの証言も、全て裏付け史

料がない。▼解説 光秀が酒を飲んでいた記録

③徳川家康の接待については、かの『多聞院日記』に、光秀の用意したものを信長が絶賛したという記述ならあったが、叱責された記録はない。

⑥丹波攻略については1章でも述べたように、光秀が母を人質に出したという記録がないし、④武田氏討伐後の宴会については、一五八〇年の『信長公記』で信長自身が光秀の武功を第一に挙げている。「いつ骨を折ったか言え」などと言われる筋合いはない。

⑦斎藤利三仕官をめぐる口論は、出典史料が全て〝物語〟。⑧比叡山焼き討ちをめぐる口論は、現代小説。⑨森成利のおねだりも、⑩恵林寺焼き打ちに対する諫言も、書かれた史料は秀吉に関する〝逸話〟を集めた物語であり、史料としての信憑性は極めて低い。

さらに⑪蘇鉄植替えを諫言したとする『絵本太功記』は歌舞伎や人形浄瑠璃の演目であり、史実とは大きく異なるばかりか、登場人物の名前だって偽名である。明智光秀は「武智光秀」、織田信長は「尾田春長」となっているから、別人の物語として扱うべきなのかもしれない。

だからつまり、安心してほしい。

本能寺関係の本を読んだり特集を見たりしていて、二人に不穏《ふおん》な空気が漂《ただよ》ったとて心配御無用。それは光秀が犯人役として出演する本能寺の変を盛り上げるための、身体を張った演出である。

実際の二人を見るに、実にほのぼのとした記録を残している。

一五七二年四月一日、厳島神社正遷宮《しょうせんぐう》の儀式を終えた吉田兼見の父、兼右が広島から帰ってくる。信長を訪ねると光秀がもてなしてくれて、雑談する信長はとっても機嫌が良かった（『兼見卿記』）。

一五八二年一月十八日、興福寺大乗院門跡を出迎えた信長の機嫌がたいそう良かった（『多聞院日記』）。

二十日、吉田兼見と会った光秀の機嫌がたいそう良かった（『兼見卿記』）。

示し合わせたはずもない別々の日記に登場する、一月十八日・二十日の特筆すべきほどご機嫌だった信長と光秀。二人に一体どんな素敵なことがあったのだろう？　あと半年もすれば本能寺の変（一五八二年六月二日）だというのに、なんだか微笑ましい。

そういえば光秀と滝川一益が奈良で政策に取り組んでいた時も、法隆寺を訪れた信長は、光秀に「太子香」という香木を届けてくれている ▽出典1 。気に掛けてくださっていたとは、ありがたいことであるなぁ

太子香。私たちは橘《たちばな》寺にてこれを購入。

▷アクセス 橘寺

～……ん、あれ？

「ねぇ？　それ、カズマッサンの分は？」

「それは記録がないからわからない」

「なっ、なんでなんや……一緒にいるというのに？」

滝川一益の分……。

考えているとふいに気づいた。話が脱線していると。

光秀が奈良で行った、もう一つの新政策についての話がまだだったのではなかったか⁉

地獄

「閑話休題《かんわきゅうだい》」

「ん？　シューちゃん、今むつかしいこと言ったな」

それはさておき。信長からお香をもらった光秀と、お香をもらった記録のない滝川一益がこのとき奈良で行っていた政策こそ、もう一つの新政策「指出《さしだし》」であった。ずいぶん長い脱線をしてしまったように思えるが、多聞院英俊の日記『多聞院日記』にも、その政策のために費やした時間の長さと苦痛とが、克明に記録されている。

光秀と滝川一益が到来し滞在していた三十八日間、地獄の苦しみと同じ苦痛を味わった。


「この記録って、日数数えてるところにヤバさを感じるよね？」

「……遭難《そうなん》した人みたい……」

「そうなん？　あはっ！」

これほどまでに多聞院さんを苦しめた「指出」とは、一体どんな恐ろしい政策なのだろう……と、思ってしまう。

ところがやっていることは、土地に関する報告書の作成なのである。

大和国（奈良県）の土地（知行関係）に詳しい人が集められ、光秀と滝川一益から報告書の書き方について説明を受け、指示された書式に従って報告書を作成し、光秀と一益のチェックを受けて、報告に嘘偽りがなければ終了である。

不正がなければ問題ないわけだ。僕は思った。

「でも困ってるってことは、やましいことがあるんだよー。やましいことがあると、苦しまなくていいことで苦しむんだねー」

やだねぇ〜と、姉。

どの程度のやましさなのかはわかりようがないが、ハッキリさせてしまうと不都合なことは沢山あったようだ。哀《あわ》れではあるが僕たちだったら馬鹿正直に申告してしまいそうだから多聞院さんには同情しないでおこう。それに指出は他の国でも実施されていたりするからやっぱり、こうなってしまった以上腹をくくるしかないだろう。▼解説 **他国の指出**

『多聞院日記』では多聞院英俊だけでなく奈良中の人が報告書作成の指令に取り乱し、何度も手直しをしながら報告書を提出したとある。

「うえっ、みんなそんなにやましいことがあるのか……」

「曖昧《あいまい》を　良しとするのが　日本人」

「ヤな感じだね」

とか言いつつ姉は笑っているが、結局、指出実施期間中に四人が謎の死を遂げ、光秀たちが現場の確認に出向いた時にはすでに、彼らの私財がどこかへ消えていた▼出典2。

そんななか、多聞院英俊は光秀たちに認められる正しい報告書を提出できたようで、興福寺の領地を保証してもらっている。

――……ん？

四人の、謎の死――……。

さっきの事件じゃない!?

奈良県奈良市、興福寺の歴史は古い。

約一三〇〇年前、奈良に平城京が作られた際現在の場所に建立された。▽アクセス 興福寺

門跡寺院（皇族や公家が住職を務める寺院）として有名で、足利義昭も将軍になる前は一乗院の住職として生活している。そのため、鎌倉・室町時代には幕府は守護を置かない代わりに、興福寺が大和国

を治めていた。

それぐらい強大な勢力を持つ寺だった。

「私たちの見たい史跡が残ってないのが残念だけどね」

そう、本来なら多聞院英俊のいた多聞院を訪れたかったが、現在は建物が残っていない。指出の際、光秀や滝川一益が宿泊した吉祥院や成身院も今は残っていない。

「でも、奈良にいるだけでなんかこぅ、わくわくしない？」

姉が問う。無論、わくわく、

「する」

僕たちは、多聞院英俊の目を借りて光秀たちを見ている。

多聞院さんや奈良の人たちに親しみを感じないわけがない。

建造物が残っていなくても、天正《あの》時代に思いを馳せることに、不思議と差し障りはなかった。

興福寺。

▼解説『進撃の巨人』

諫山創『進撃の巨人』。

突如出現した人を食べる巨人達から身を守るべく、高い壁で周囲を囲んだ街で人類は百年の歳月を暮らしていた。

主人公のエレン・イェーガーは、壁の中で安穏《あんのん》と暮らしている自分達を「家畜のようだ」と感じており、巨人の脅威にさらされながらも壁の外の調査を行う「調査兵団」への入団を決意。仲間と共に世界の真相について知っていく。

▼解説 転用石と当時の感覚

越前国（福井県）一乗谷に架かる地蔵を転用した橋は「地蔵橋」と呼ばれており、人々に踏まれ胴体部がすり減っている。

こういったことに眉をひそめる現代人は多いのだが、寺にあった地蔵や石塔などを再利用して石材にすることは、当時よくあることであった。

仏教に帰依《きえ》する寺内においてすら、暗渠《あんきょ》（地下に設備された水路）の蓋《ふた》として転用石を用いたり、阿弥陀仏を真っ二つにして使用していることもある（伊藤正敏『中世の寺社勢力と境内都市』・小和田哲夫『中世城郭史の研究』）。役目を終えた石仏は、石材となり次の役目を果たす。これが普通のことだったのだ。

ところが、こういった行為を、キリスト教を布教させるため日本を訪れた宣教師ルイス・フロイスが非難した。しかも仏教への信仰心とからめて非難したために、後の日本人が石仏等の転用を不遜な行為だと勘違いするようになる。

解説 あの罠

たとえば姫路城は、本丸へ向かう道のりが狭く入り組み、まるで敵を惑わす迷路のようだと言われている。

ところがこれは、意図的に造られた構造ではなかった。

江戸時代、千姫（二代将軍徳川秀忠の娘）の輿入れに伴って建物や通路の増改築が行われ、副次的に複雑な構造になってしまったのである（明石市明石市立文化博物館『明石の中世Ⅱ』）。

また、戦国の城代表のように採り上げられる安土城は、天主までが一本道でわかりやすい**（参照 コラム「安土城」）**。

従って「城へ続く道は迷路のように入り組んでいる」というセオリーがあるわけではない。

解説 光秀が酒を飲んでいた記録

『天王寺屋会記』によると、天正八年（一五八〇年）正月九日、京都の光秀屋敷で茶会を行っており、その中で酒が振る舞われていたことが確認できる。

解説 他国の指出

今川義元は自領の指出検地を既に行っており、年貢高や負担元の百姓を確定させ、耕地面積を整理していた（有光友學『今川義元』）。

朝倉家に至っては指出が既に制度化されている。土地を支配する領主と地元民の間での同意書に似た意味合いがあったようだ（池上裕子、稲葉継陽編『展望日本歴史12 戦国社会』）。

このように、織田家においては新政策でも、織田家以外の他国では既に実施していたことが確認できる。

▼出典1
永島福太郎編『天王寺屋会記』天正八年（一五八〇年）十月二日。

▼出典2
『多聞院日記』天正八年（一五八〇年）十月二八日。

戒重という人物が興福寺金蔵院で、岡弥二郎が焼け跡で、大仏供という人物は興福寺新屋で、高田籐七郎は中坊屋敷で生害（自害）した。そのため滝川一益は岡氏のいた岡城（奈良県香芝市）へ、筒井順慶は高田氏のいた高田城（奈良県大和高田市）へ、光秀は戒重氏、大仏供氏の所領地（奈良県桜井市）へ調査に出かけたことが記されている。

　翌日調査から戻ってきた光秀たちの情報では、所領地の女子供、財産といったものが散失していたという。

▼アクセス　**郡山城**
奈良県大和郡山市城内町

ＪＲ郡山駅から徒歩約一五分、近畿日本鉄道近鉄郡山駅から徒歩約一〇分。

阪神高速道路から第二阪奈道路に移り、中町出口から車で約一〇分。

駐車場あり。


筒井順慶が築城し、豊臣（羽柴）秀吉の時代に豊臣秀長（秀吉の弟）によって拡張された。

明治維新後に多くの建物が取り壊されたが、追手門や櫓、天守台は修復、整備されたものが残っている。

郡山城。

本文中で我々の行く手を阻んだバリケードについては、我々が城を訪ねた当時（二〇〇九年）、天守台修復前だったようで、石垣が崩れる恐れもあったようだ。

注意喚起をとしてバリケードを置いていたのかもしれない……。

アクセス **橘寺**

奈良県高市郡明日香村大字橘五三二

近畿日本鉄道橿原神宮前駅から明日香周遊バス川原または岡橋本停留所から徒歩約三分。

阪神高速道路から南阪奈道路を進み、国道１６５号線から車で約一〇分。

駐車場あり。

創建時期は不明だが、聖徳太子誕生の地といわれている天台宗寺院。
境内には聖徳太子の坐像の他に、善悪2つの顔を刻んだ二面石がある。

▼アクセス **興福寺**

奈良県奈良市登大路町四八

近畿日本鉄道近鉄奈良駅から徒歩約五分。

阪神高速道路か第二阪奈道路に移り、県道1号線から車で約一〇分。

駐車場あり。

七一〇年に奈良の平城京へ遷都《せんと》（都を移すこと）した際、藤原《ふじわらの》不比等《ふひと》が飛鳥にあった寺を移築して興福寺と名乗る。

光秀がいた頃は大和国（奈良県）において強い権力を持っていたが、明治維新後は一乗院や大乗院を廃止する等、規模が縮小された。

興福寺。

地獄の続き

おーい
おーい！
多聞院さんの
地獄には
まだ続きが
あるんだよ〜!!
たもんいん日記
あははっ
あははは
あは
わぁ、不謹慎な
テンションだー。
わーい
わー
光秀が家臣の藤田伝五を置いていった。
まるで閻魔《えんま》様が倶生神《くしょうじん》
（閻魔に故人の行いを報告する神）
を置いていったようなものだ。
こんなことになったのは、坊主たちが
戒律を平気で破るからかもしれない——
なげかわしい　なげかわしい
あさましい　あさましい……。
あれ？
……意外とこれ、
道徳的な内容
なんじゃ
ないの？
仏教徒の鏡
…

コラム

花押

書状は普通、「右筆《ゆうひつ》」によって書かれている。右筆というのは秘書として仕えている文官のことで、書状や記録といった文章の代筆を主な業務としている。

しかし、差出人を明らかにするため、自署（サイン）は差出人本人が記すべきであり、出所の怪しい文書「偽文書《ぎもんじょ》」でもない限り、普通はそうなっている。そのため自署の部分は、書状を見るうえで重視されるポイントとなる。

さて、自署の部分を見ると、ほとんどの場合名前の他に記号のような図柄が書かれていることに気づく。これが「花押《かおう》」といわれるものである。

例として、光秀の花押を［図1］に挙げよう。

ところが、花押は必ず書かれているというわけではない。花押の記される所に「印」が使われていることもある。

光秀の印は［図2］のような、菱形のものを使用していた。

また［図3］のように、花押と印、ど

［図1］

［図2］

ちらも確認できる書状もある。

これらがどういった基準で使い分けられているのか、断定することは難しい。定められた使用規則があるわけではなく、使用傾向も領主によってばらつきがあり、明確な基準を見出し難いのである。

ただ、一定の使用傾向は見受けられる。一つは、女性や子供が花押の代わりに印を使用していること。もう一つは、借用関係の書類において印の使用率が高いことである。それ以外は、おおむね花押が使用されているように思われる。

しかしながら、そもそも花押がどういった目的で成立したのかということすら、実は明らかになっていない。

そのうえそれぞれの花押がどのようにして作られているのかも、未だ憶測の域を出ない状態で、自分の名前を草書体で書き、その文字を崩したり組み合わせたりして作られているのではないかとか、名前とは関係のない文字や図形を各々自由に使用したのではないかなど、様々な推測がなされている。

なかでも、知名度の高い信長の花押は興味を持たれやすい［図4］。よく知られている説として、信長の花押は、麒麟《きりん》の「麟」という

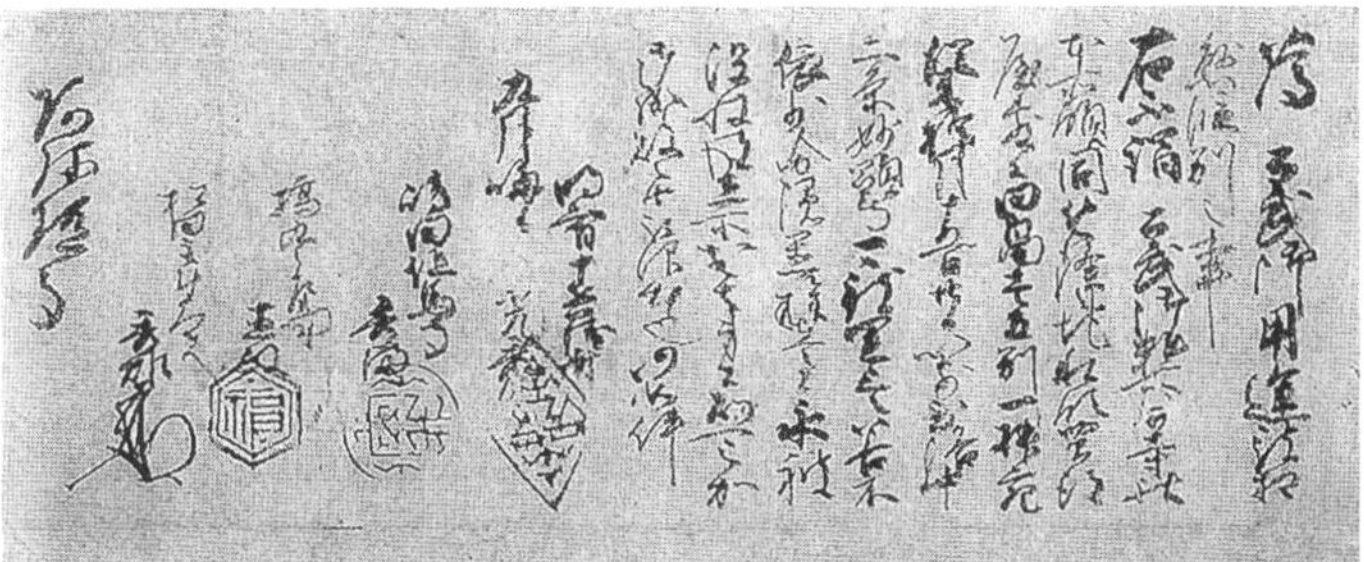

［図3］山城阿弥陀寺宛明智光秀等連署状。

文字を形象化したとする見立てがある▽出典1。

ところが、この説の詳細を確認したところ、麟という字の「鹿」の一部と「米」を切り取った形であると述べられていた。鹿と米を切り取った形であるなら、それは「舛」なのではなかろうか。また切り取るという発想を付加するのであれば、舜や隣などの可能性も浮上する。なぜわざわざ麒麟の雌、麟の「舛」部分であるといえるのか、疑問が残る。

信長が使用した様々な花押

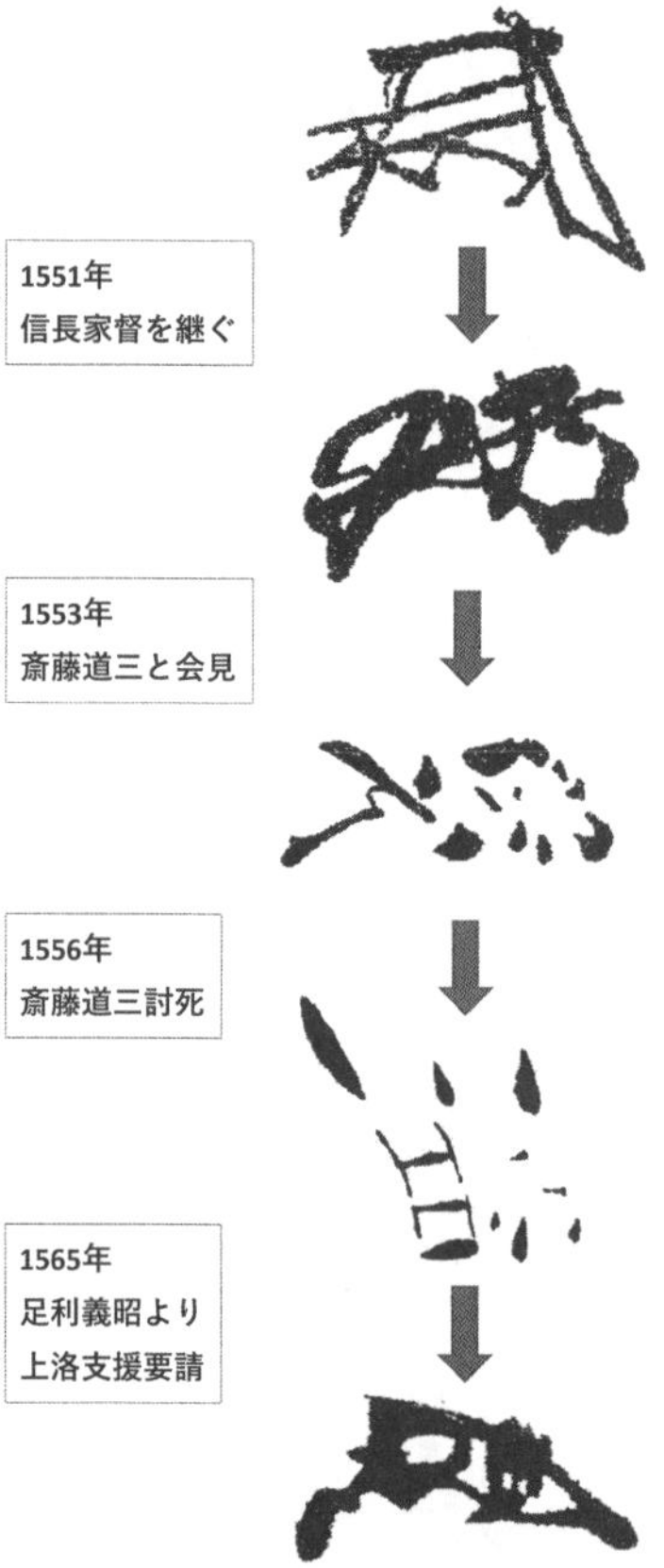
1551年
信長家督を継ぐ
1553年
斎藤道三と会見
1556年
斎藤道三討死
1565年
足利義昭より
上洛支援要請

「麟」と呼ばれている花押

参考：安土城考古博物館「信長文書の世界」

[図4]

そこで我々の考えであるが、少し突飛に思われるかもしれないが、これらの花押は「義」という文字から作られたのではないかと考えている［図5］。

［図5］
「義」字と、その変形の一例。

重ねて述べると、信長に限らず、ほとんど全ての花押が「義」を模していると思うのである。公的権限を持つ人物の花押全てに共通して、「義」の要素が見受けられるからだ。

その根拠を示していきたい。［図6］より解説していこう。

まず、花押は親子間や同じ派閥間で似通ったものになる傾向がある。信長周辺に限定して見ていくと、信長が若い頃に使っていた花押は、父信秀の花押と似通った、斯波氏（尾張の本来の領主。織田氏は斯波氏の代理で尾張を治めていた）が用いている「足利様式」の「義」である。

斯波氏は足利氏に仕えており、「義」の字を偏諱《へんき》（恩賞、親睦の証として、主君の名を与えられること）してもらっていた。

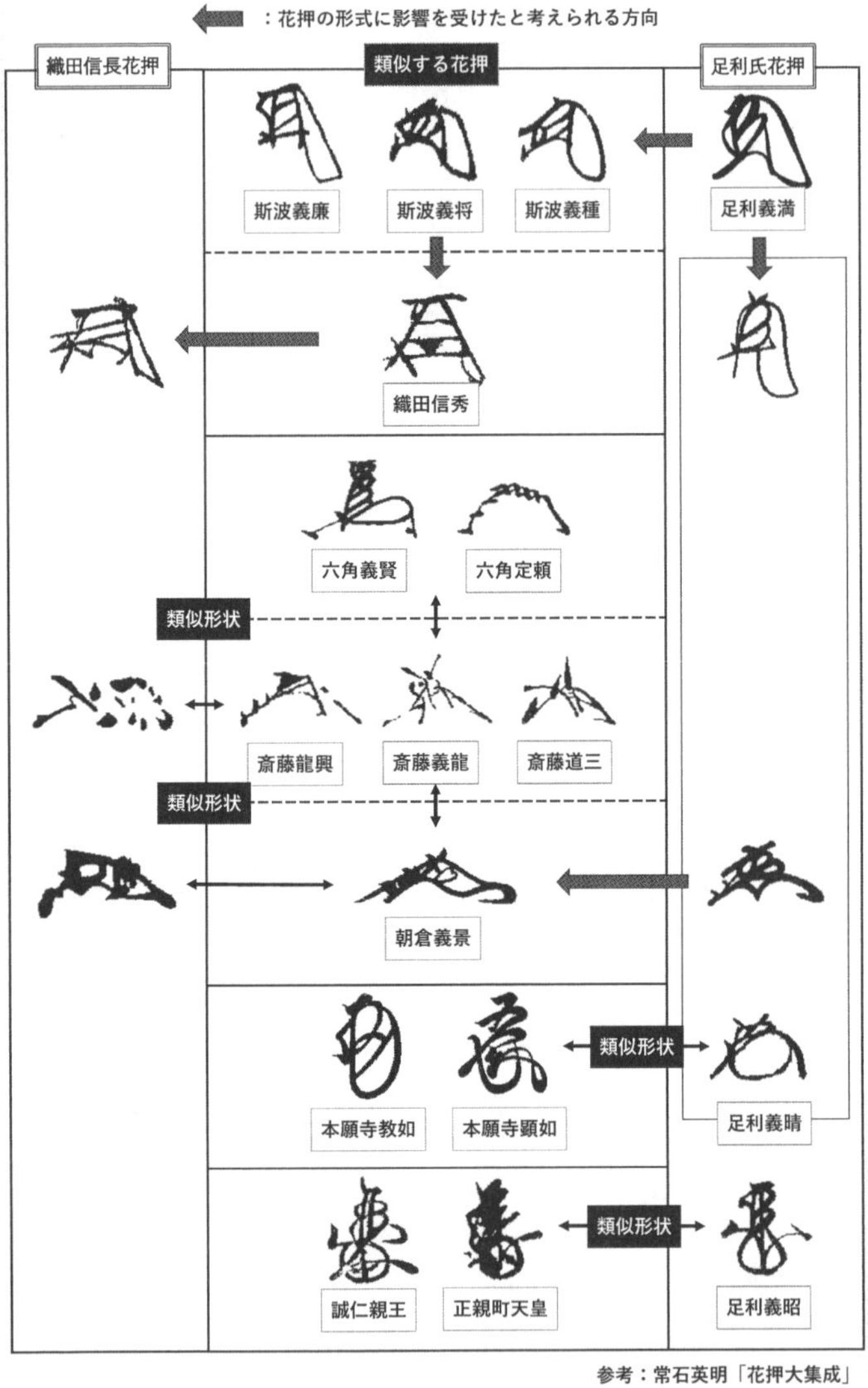
：花押の形式に影響を受けたと考えられる方向
織田信長花押
類似する花押
足利氏花押
斯波義廉
斯波義将
斯波義種
足利義満
織田信秀
六角義賢
六角定頼
類似形状
斎藤龍興
斎藤義龍
斎藤道三
類似形状
朝倉義景
本願寺教如
本願寺顕如
類似形状
足利義晴
誠仁親王
正親町天皇
類似形状
足利義昭
参考：常石英明「花押大集成」

［図6］花押の比較。

足利様式というのは、将軍の家系である足利氏が使用している花押の総称である。時代毎に、その見た目には共通する形式が認められる。

その後、斎藤氏と婚姻関係を結んだ信長の花押は、正妻の父である斎藤道三ら斎藤氏と似通った形になる。斎藤氏も、親子間で花押を受け継いでいるようなので、花押の継承には先代の権威を取り込む意図があったのかもしれない。

斎藤氏の花押は、足利氏と縁が深い近江の領主、六角定頼ら六角氏や、織田家と同じ斯波氏から派生した越前の守護代（代理の領主）、朝倉氏の花押と似通った形だ。

特に朝倉義景の花押形の変化は、信長の花押の変化とよく似ている。

信長以外の人物でみると、例えば僧である本願寺一族が、足利様式の花押を使っている。正親町天皇や誠仁親王など、皇族ですら、足利義昭とよく似た足利様式の花押を使っているのである。好きな文字や図形を各自自由に使っていたなら、個性や立場の違う各々の花押に接点を見出す確率は、もっと低くなるはずだ。しかしずば抜けて突飛な形の花押がなく、皆どこかに誰かとの共通点を持っている以上、各々が自由に、文字や図形を書いていたとは思えない。

次に、花押の変化について述べたい。

花押は、変えようと思えば変えることができた。従って、信長のように頻繁に花押が変化した人もいれば、光秀のように変化の見られない人もいる。

花押を変える理由としてまず考えられるのは、改名した際や、地位が変わった時である。

それ以外に考えられることは、偽造防止、謀書を作らせない工夫といったところだろうか ▽出典2 。文書の真偽が問われた場合、偽文書かどうかの判断は、主に筆跡・証判（花押・印）・内容で確かめられており、中でも本人の自筆部分となる花押の真偽は、最も重要な判断基準となっていた ▽出典3 。信長が頻繁に花押を変化させているのは、模倣される前に形を変え、偽造防止に努めていたからかもしれない。

しかしその逆のようなことも考えられる。

花押には、流行り廃《すた》りがあるように思う。時勢によって、花押の形状が著しく偏っているからだ。足利氏が幕府を開いていた時代は、ほとんどの領主が足利様式の花押を使っていたが、関ヶ原合戦後徳川家康が幕府を開いたとき、花押を徳川様式に変えた人が多い［図7］。

時勢に応じて流行の様式を取り入れ、または世襲することによって、自身の公的な立場を暗に示していたのではなかろうか。

花押の世界は奥深い。

これまでの花押の研究は、書かれている文字が何かということに執心していたように思われる。そこ

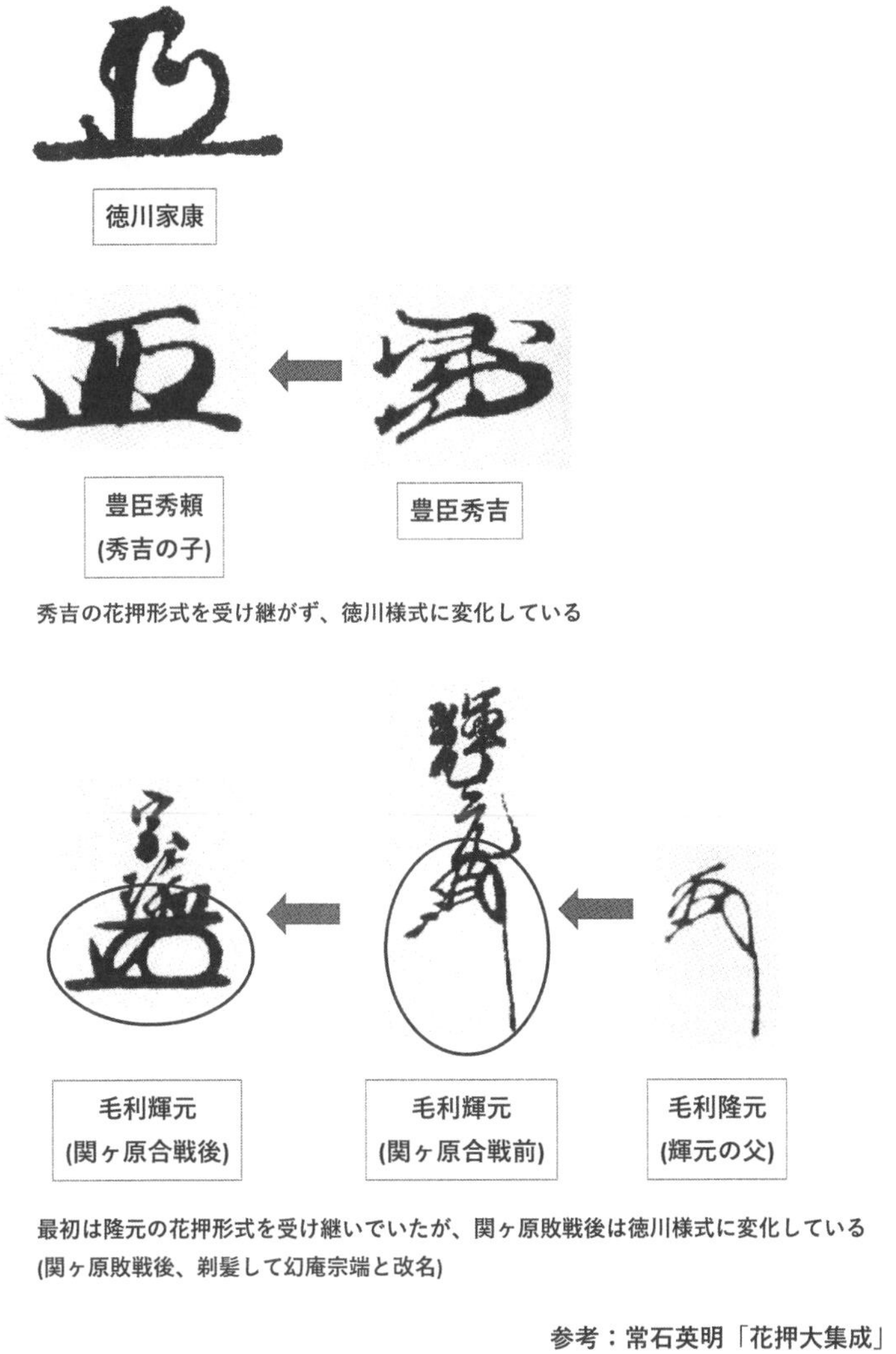

徳川家康
豊臣秀頼
(秀吉の子)
豊臣秀吉
秀吉の花押形式を受け継がず、徳川様式に変化している
毛利輝元
(関ヶ原合戦後)
毛利輝元
(関ヶ原合戦前)
毛利隆元
(輝元の父)
最初は隆元の花押形式を受け継いでいたが、関ヶ原敗戦後は徳川様式に変化している
(関ヶ原敗戦後、剃髪して幻庵宗端と改名)
参考：常石英明「花押大集成」

[図7] 徳川様式への変化。

へ今後は、花押の形状から書いた人物がどのような人物の影響を受けているのかを見出したり、時勢を把握する手掛かりとして捉える研究を加えてみてはいかがだろう。
花押の研究が歴史解釈にますますの貢献を果たすことを願い、このコラムを終えようと思う。

出典1 佐藤進一『花押を読む』
出典2 久野俊彦『偽文書学入門』
出典3 及川亘「偽文書と中世史研究」

第10章

初心、忘るべからず……。みんなで見よう「玉雲寺」

光秀の印

大変だ!!ミーちゃんの印がヘンリエッタ・マライア王妃の印と、そっくりなんだって――!

また変わったことをやってしまいましたか。

ミーちゃんの印
すげぇこと知った!

ヘンリエッタ・マライア王妃の印（指輪）
※『指輪』
似てるかな?
◇だけかな…
※感じ方は人それぞれです。
何事も、自分の目で確かめましょう。

出よ神龍

助手席には、シューちゃんが座っていてほしい。弟に申し出た。

「なぜ？」

「危険だから」

私の幼なじみにして、親友のユキちゃんが家から出てくる（**1章　そこの空気を私は吸いたい参照**）。今回の旅の同行者だ。……かなり眠そうにしている。全く歴史に興味がないこの友人にとって、史跡探訪に向かう早朝の待ち合わせはおそらくキツい。

そんな彼女がそれでも私たちに同行するのは、「肉でも食べに行こう」と私が誘ったからだった。

「肉？　行く」

「朝早いけどいい？」

「いいよ」

「弟と、マニアックな史跡に行くけどいい？」

「ああ、もちろんだ！」

この快諾《かいだく》ぶりである。私は彼女が大好きだが、彼女も私が大大大好きであるに違いない。私と一緒であるならば、どこへ行こうと幸せなのだ。

そんなかけがえのない友人と弟を連れ、私はこれから素晴らしき史跡へ向かう。

京都府船井郡京丹波町市森にある「玉雲寺《ぎょくうんじ》」である。

ここへは以前、たまたま休日が重なった日に旦那と訪れた。そして衝撃を受け、腰を抜かしそうになったのだ。

そもそも、本能寺の変のことばかり考えている変な人が結婚できたということにも腰を抜かすが、自分を偽《いつわ》らずひたむきに生きていれば、思いがけない人との出会い、そして史跡との出会いに恵まれたりするものである。▽解説 **旦那**

いやぁ、たまげたよ。良い寺だったなぁ……。今度、弟にも見せてあげよう。

あ、そうだ。せっかく行くんだから、うまいものでも食べて帰ろう。そういえば友人とうまいものを食べに行こうと話していたところだったし、よし、この際だから全部一緒に楽しんでしまおう！

――と、このような経緯から、私たちは集結したのである。

そうそう、玉雲寺の何が素敵だったかをお伝えしなくては。

まず現地に着いて、寺の階段を上がらんとするころにすごくいい……そうすごく、いい！　石積みがあった。そのうえ寺の門がまた素晴らしかった。

素晴らしい門。

素晴らしい門の阿吽。

すごくいい石積み。

すごくいい石積みの角。

見とれていると瓦が目に入った。これはもしやと思い凝視して、ドンガラピッシャーンと衝撃を受けたのである。

「宝珠《ほうじゅ》なんだよ、文様が！」

「宝珠！」

よしよし、弟もたまげている。

宝珠。それは願いを叶えてくれるという龍の珠。つまり、ドラゴンボールである。この世界に、それはあったのだ。▼解説 **ドラゴンボール**

そして光秀は、宝珠にある種のこだわりを持っていた形跡がある。

ある時光秀が、奈良へ向かう予定を突如延期したことがあった。どうもこの頃、正妻の妻木《つまき》氏を亡くしてしまったようなのだ。

妻木氏のことで落胆していた光秀は、その後再び奈良へ赴いたとき興福寺から宝珠をもらったそうである ▼出典1 。なんだか、神龍《シェンロン》が出てきそうな展開を予感させる……。

こ、これは……!!

火炎宝珠

擬宝珠《ぎぼし》

宝珠は7つどころか、
実はそこかしこに散らばっている。
▶アクセス 浮御堂

光秀が何を願いたかったのかは神のみぞ知ることとして、宝珠と共に龍も信仰されていた。ここにおける神龍は、雨を降らせる水の神だ。光秀は自分の城（坂本城）を建てた際、火災から城を守る神獣として、鯱瓦《しゃちがわら》に龍の頭を、鬼瓦には鬼ではなく宝珠を用いるという珍しい様式を取り入れている。これをこだわりと言わずしてなんと言おう。

また軒平瓦《のきひらがわら》だけでなく、軒丸瓦《のきまるがわら》に至るまで宝珠の文様を取り入れていて、あー……ええとつまり、建築物のそこかしこに、光秀は宝珠をちりばめていたのである！

玉雲寺でも、宝珠があしらわれた瓦は先に記したものだけでなかった。軒端《のきば》には宝珠を形作った鬼瓦まであった。

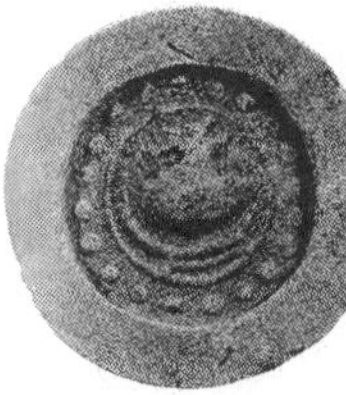

軒丸瓦（宝珠文）

宝珠鬼瓦

大津市歴史博物館『かわら』より
宝珠文軒丸瓦・宝珠鬼瓦。

宝珠軒端瓦。

そのうえ、そのうえ！

「かえる股《また》にまで宝珠があしらわれていたんだ！！！　くううぅっっっ！　素晴らしーーーいぃっ！！！」

まじで。弟が驚いたのかもしれなかった。しかし話しているうちにあの時の感動が再び去来した私の方がもっと驚きその場にくずおれた。

光秀が関わっていたかもしれない痕跡が、この寺のあちこちに散りばめられている……！

そうだ、もう一度玉雲寺の成立を確認しよう。

応永二十三年（一四一六年）に開山。

天正七年（一五七九年）、明智光秀が市森城攻撃を行った際に兵火でほぼ焼失したが、創建者を尊崇した光秀によって翌天正八年（一五八〇年）に再興した（玉雲寺　寺史）。

天正八年（一五八〇年）光秀が寺を再興したことが、すごくさらっと記されている。

それにしても天正七年の市森城攻撃というのは何だろう？　その頃光

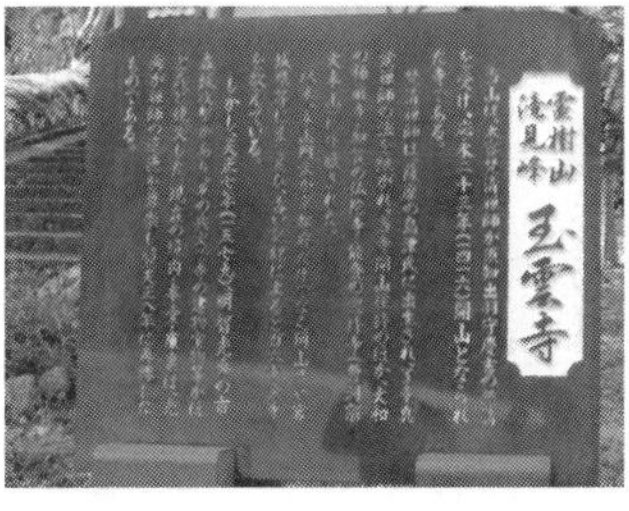

宝珠かえる股。

秀は丹波の攻略を頑張っていたから、その一環で落城させた城だろうか。

市森にある城といえば、須知城《しゅうち》というのがある。史料上はよくわかっていないものの、遺構は光秀が活躍していた頃のものと推測される城跡だ。戎光祥出版の『【図解】近畿の城郭Ⅰ』という資料でやっと掴めた情報がまぁ、これっぽっち。市森城攻撃というものを、どうりで知らないわけである▼出典2。

しかし願わくば……願わくばその話、本当であってほしい……。強くそう思った。

玉雲寺の再興に光秀が関わっている……だとすると、なんだか血湧き肉躍る。こみ上げる感動。ああこの気持ちを言葉に表すことができない！

「なんだ、そんなに良かったのか。さっきからめちゃくちゃ言葉にしてるけどね」

ごくあっさりと友人が言った。

「黙ってないよね」

弟も乗っかってくる。そういえばこの人たちはほとんど感情表現をしないで生きているがそれは一体なぜなのだろう。

「……いいかい君たち」

私は二人に諭《さと》すように言った。なぜ弟も向こう側の人間なのかと疑問に思いはするものの、この際ちゃんと言っておこう。

いいかい？　光秀の遺構の多くは取り壊されて残っていない。だから普通は〝心の目で見る〟ものだった。それが今回、実体を伴っているっ！

「これってスゴイことじゃないか⁉」

間。

「無反応ってどゆこと！！？」

ここで白鳥捕ったのか

サービスエリアにカフェがあるってさ。私の独り言に、そのようだねと合いの手を入れたのは弟ひとり。早起きの疲れがとれない友人は、後部座席でぐったりしている。

「お手洗いは大丈夫ですか？」

弟が声をかけた。

「行きたい」

即答。かつ、切羽詰まったひどく苦しげな声であった。

「行きたいんかい‼」

サービスエリアを話題にした時なぜ言わない！　文句を垂れる私に、弟は驚愕の面もちでつぶやいた。

「お姉さんの言った通りだ……」

出発前、助手席に弟を座らせた私は、これから起こり得る諸々の危険について、ひととおり話して聞かせていたのだ。

「まず、私はきっと、道に迷う」

うっと唸《うな》った弟は、私を見据えた。

「でもどんなに迷おうと、ユキちゃんは絶対にナビを見ない。見てもわからないで通すからあてにはしないこと。そのうえ慎重を要する経路にさしかかっても空気を読まず話しかけてくるから注意して。しかも長年私の親友であり続けているだけあってその話は完全に私のツボを心得ていて、私は必ず興奮する。運転中の興奮は……危ない。わかるよね。あと、どうしようもないタイミングでトイレに行きたがるから、覚悟して」

……はぁ、しばらくうんざりされたあと、お姉さんが興奮する自分を律《りっ》すればいいのでは？　と言いかけて、どうやらやめた。経験則からそれは無理だと判断されたらしい。それなら僕が運転しようと言い出せればいいのだが、弟の運転は普通に下手で常に危なかった。

冗談だと思いたかった姉の予言がひとつ現実のものとなった今、弟は本腰を入れて危機管理に努めだした。バックミラーをのぞき、限界ギリギリの友人を観察している。今のところ自身の生理現象で頭がいっぱいの彼女が、姉を興奮させる暴挙に出ることはなさそうだ——と、思っているに違いない。苦労をかけてすまない、弟よ。旅の安全は君にかかっている。


イチゴ狩りかぁ。

私の独り言のボリュームは、どうもデカいらしい。

「興味がないよ」

すかさず友人が拾った。用を足し、車に乗り込んだユキちゃんは、目に見えて本調子になった。本調子の友人は、私のどんな独り言も絶対に聞き流さない。

「看板があったから読んだだけだよ」

応えると、友人が突如、命知らずな発言をした。

「鷹狩りだったら興味あるのに」

「鷹狩り!!」

「あれは何を狩っているんだ？」

素晴らしい質問だ！　あっという間に光秀のいた時代の話になった。

「当時捕っていたのは主に鳥だよ。そうそう、鳥と言えば平井山本陣跡って三木合戦の史跡に池があって……」

▼解説 三木合戦

平井山本陣跡。
▶アクセス 平井山本陣跡

「サルが白鳥を捕まえて客人に振る舞ったって記録があってさ ▽出典3 。もしかしてこの池が、その池？　って気づいたときにはもぅ、そりゃあ～もう、興奮したよねッ！　ね、シューちゃん‼」

「感動と共になんだか無性に可笑しくなって、爆笑したよ～！　ここで白鳥捕ったのか、サルゥーーー‼　ってね。やーあれはホント感動し」

「お姉さん！」

弟が口を挟んだ。ああ、そうか。

「……し、しまった。興奮したぁ」

だって鳥の話ふるんだもん。

野鳥はロマンだ。なにがロマンかというとね……。

「サルってなんだよ？」

元来、この友人は空気を読んだりなどしない。 ▽解説 **野鳥のロマン**

「ああ秀吉《ひでよ》っさんのことだよ。そう呼ばれてたでしょ？」

「それにしても、平井山本陣跡はホント笑ったよねぇ～！」

「シューちゃんとさ、こんなところに白鳥いたの⁉　ってなって！」

池。

羽柴秀吉肖像画。ハゲネズミ、とも呼ばれていたことは秘密だ。

「ねぇ、ぶふっ、楽しかったよねぇシューちゃん、あははははそうだったよねぇシューちゃーーーん!!」

「はいはいそうでしたね集中して！」

だけどそう、本題の「鷹狩り」と言えば、信長である。 ▽解説 **信長と鷹狩り**

「あのお方はホント、しょっちゅう鷹狩りをしていて」

「あのお方って誰だよ！」

「信長さんだよ」

「なんだあんた……随分と慎《つつし》み深いじゃないか」

「ミーちゃんに、食材を与えてくださるお方ですから ▽出典4 」

「へぇ……あの人も、部下を労《ねぎら》ったりしていたんだ」

「『あのお方』ね、まぁいいけど」

しかし鳥かぁ。友人が残念そうにつぶやいた。

なにか文句でも？

「ウサギがよかったな」

「え、ウサギ？」

ナビが告げる。七〇〇メートル先、右折です。

「ウサギ狩ってるあのお方は見たことがないな」

織田信長肖像画（あのお方）。

「じゃあウサギはどこで捕るんだ?」

「え〜っと、食べたいの?」▼解説 ウサギを食べる
「当たり前だろ狩りなんだから。まさかあんた、狩っておいてリリースする気か?」

「……」

「……」

しばし沈黙し、私たちは興味本位で狩りをする罪深さを知った。

弟が、慎重に口を挟む。

「真剣に、考えることじゃない」

悪いことをした……。私たちは、痛手を負ったウサギをリリースする残酷さに胸を痛めた。

ナビより先に、弟が叫ぶ。

「通り過ぎた!!」

ルートから外れました、抑揚のない声でナビもその事実を告げた。

「は! やってしまった!!」

「あーーー、もう!!」

普段は感情を表に出さない弟が、誰が見ても明確にご立腹である。

昔飼ってたウサギのムラサメ。

「ごめんごめんごめん！　よーしお姉ちゃんに任せろ〜、ここで曲がるったら曲がるぞ〜！」

気分を切り替えようと無駄にデカい声を出し、慎重にハンドルを切る。

「ウサギってどこにいるんだ？」

友人が言った。

「え？　ウサギ？　い、田舎かな？　ほら、ウ〜サ〜ギ〜追〜いし♪　って歌が（♪　高野辰之作詞、岡野貞一作曲「ふるさと」）」

「それはいいから！！！　今Uターンしてるとこだから！！！」

弟の怒声が車内に響いた。

田舎（※写真はイメージです）。

嘘にまみれて

まさか道がないとは。

そして私たちは道に迷った。

ナビと格闘する姉弟を尻目に、後部座席の友人は優雅に田園風景を眺めている。

「ほら見てごらん、一緒に考えようともしないだろ?」

バックミラーに映る友人を指しささやくと、弟はその横顔を一瞥《いちべつ》し、無言かつ迅速にナビに向き直った。

「だって興味がないんだもん」

なぜか友人が追い打ちをかけ、この状況で普通は言わないようなことをハッキリと口にした。常識的な人間ならば、興味がなくてもあるフリをして、一緒に心配して見せたりするものだ。しかしこの友人はそれをしない。

「あはっ、興味がないってさ!」

手をたたき悦ぶ私を、弟が冷ややかな目で見る。実に絶好調だ。私はこの友人の、そういう嘘のない態度が好きなのだ。だって普通、この世は嘘にまみれているから。


この世は嘘にまみれている。


それは本能寺の変を調べるなかで、私たちが痛感したことだった。非難しているわけではない。単にそうだと気付いただけだ。つまりそれは、一種の悟りといえる。

それに〝嘘〟と言っても、全てにおいて悪意があったりするわけではない。

見聞きした情報を鵜呑みにした、実は不正確な情報や、思い込みによる勘違いなど、そんなつもりじゃなかった嘘もある。

社交辞令や忖度《そんたく》など、人間関係を円滑にするための言葉も、嘘といえば嘘である。

お嬢さんを幸せにする、今年こそダイエットするなど、本心からの言葉でも、結果的には嘘になる情報もある。

とある本に「光秀を偲《しの》んで植えられた桔梗《ききょう》の花が咲き乱れている」というようなことが書かれていた。

▼解説 **なぜ桔梗を植えるのか**

「本当に咲き乱れているか、二人で確認しに行ったよ」

「あんたたち……何やってんだよ」

友人は姉弟に憐憫《れんびん》のまなざしを向けたけれど、いやなに、これが面白いのだ。

花は、花壇《かだん》に咲いていた。

花壇という枠組みの中に咲く花について、咲き乱れるという広がりを感じさせる言葉を使うのは、あまり適切ではない。おそらくこの言葉を選んだ背景には、光秀や、特定の地域の良さを多くの人に広めたいという純真な筆者の思いが乗せられていたのだと思う。しかしながら、情報としては正確ではない。

「偽史」つまり嘘の歴史は、物語ることで生まれるという ▼出典5。だから思い入れが強すぎると、情報を誤りやすい。私のように常時クールに、客観的に――……て、……!?

「ええええええええ！！！」

また姉が騒いでいる……弟がチラリとこちらに目を向けた。

案内板があったおかげで、なんとか無事、玉雲寺に到着することができた私たち。あははうふふとときめき青春真っ只中で境内を鑑賞し、瓦を凝視したその時だった。ドンガラピッシャーンと再び衝撃を受けたのだ。

「シューちゃん……ちょっと……」

？　側に来て、瓦を見る弟。

「こここ、これ桟瓦《さんがわら》だったぁーーー！！！」

「さ、桟瓦？　――一六七四年、三井寺万徳院の玄関に初めて葺《ふ》かれた瓦……あ」

弟が即刻ググった。光秀は、一五八二年に死亡している。だ、だからそのぅ～……す、少なくとも、この瓦は光秀の遺構ではない。

「すまないっ、みんな～」

光秀の遺構を見たい思いが強すぎて、基本的なポイントをすっかり見落としていたのだ。

「ぐわあぁ～っ！　是非もなしーっ！！！」

打ちひしがれる私を、友人は鼻で笑った。

助かりました。

桟瓦。

「なんだよ、いい寺《ところ》じゃないか」

確かに。ああそうだよ。ここは今まで見た寺の中でも、抜群に美しい寺だ。以前ここへ来たとき、私の旦那も言っていた。綺麗なところだったねと。俺は史跡のことはよくわからないけど、あれは感動した、と。

▼アクセス **玉雲寺**

ああ、……そうか。

光秀の時代の瓦かどうか以上に、大切なことを見失っていたのかもしれない。

史跡へ行って、そこの空気を吸うことで、なにか感ずることがあるかもしれない――。本能寺の変を起こしたことになっている、光秀という人の痕跡を辿《たど》るための現地調査だった。それがいつのまにか、一丁前に個人的な思いや願いを挟み込み、見る目を曇らせていたのだ。客観的になるべきだった。

玉雲寺。

玉雲寺の近くには「琴滝《ことたき》」という、光秀が眺めたかもしれない滝があった。

「改めてまた見に行きたいんだけど、いいかな?」

「ぜひ!」

弟が薄く笑って向き直ると、おもしろそうだな、と友人が続いた。

▼アクセス **琴滝**

――初心に返ろう。澄んだ気持ちになった。私たちは今、本能寺の変を解くことのみを目指して生きている。

帰宅後、友人からメッセージが届いた。

運転ありがとう。
鹿肉旨かったよ。
あんたがパサパサで美味しいって言うから、美味しくないのかと思っていたけど、旨かった。
連れてってくれてありがとな。

昼に食った肉（鹿肉）の感想だった。▽解説 **パサパサで美味しい**
驚くべきことに、この世には歴史に興味のない人もいる。
……そうか、肉が、旨かったのか……。
ならばその肉の味を、君は忘れないでくれ。

琴滝へ続く道。

▼解説 **旦那**

本能寺姉弟（姉）の夫はカメラマンで銃マニア。世界中の銃器に触れる旅をしていた。

旧ソビエトの軍用自動拳銃トカレフの命中精度について的確に言及し姉と意気投合したというが、安定した生活が性に合わないという点以外、夫婦には性格的な共通点がほとんどない。要するに彼は〝気遣いができるいいひと〟である。

▼解説 **ドラゴンボール**

鳥山明『ドラゴンボール』。

七つ揃えると願いが叶う「ドラゴンボール」を巡って繰り広げられる冒険からスタートし、様々な敵から地球を救うバトル漫画に発展した。

当漫画におけるドラゴンボールとは「神様」が造った星の模様が入った球のことである。七つの球を揃えて呪文を唱えることで「神龍」を呼び出すことができ、どのような願いでも一つだけ叶えてくれる。

▼解説 **三木合戦**

羽柴秀吉による中国地方攻略の一環として行われた、播磨国（兵庫県）三木城主別所長治との合戦。

天正六年（一五七八年）から天正八年（一五八〇年）の期間に行われ、三木城の支城である神吉城での戦闘は特に熾烈《しれつ》を極めた。

秀吉は兵糧攻めによって三木城を落としたが、この戦は「三木の干殺《ひごろ》し」と一般的に呼ばれており、同じく秀吉が鳥取城で行った兵糧攻めと併せて恐れられている。

解説 **野鳥のロマン**

鳥は空域を利用することができるので、果てしなく自由な存在のように思われる。

しかし、鳥は自由に空を飛んでいるわけではない。世界のどの辺りをどのように飛ぶか、種によって違っている。だから野鳥の知識があると、鳥という生き物との遭遇を、偶然から必然に近づけることができる。

ただしそうやって確率操作をしたうえでも、結局のところ観察したい野鳥との遭遇を保証することはできないので、野鳥観察の際は臨機応変に状況を読まなくてはならない。そういった駆け引きの中の心地よい緊張感を、私は「ロマン」だと思っている。

解説 **信長と鷹狩り**

信長は鷹狩りを好んでいたようで、若い頃から鷹狩りを行っている記録がある（『信長公記』）。

例を挙げると天正七年（一五七九年）二月二十一日、京都の東山で鷹狩りを行った際はとても機嫌が良い信長が参加者に焼き餅を配ったとある（『兼見卿記』）。

二月二十六日、再び東山にて鷹狩り。三月二日も、鷹狩り。この時期の信長は、五日おきに鷹狩りに勤《いそ》しんでいる様子だ。

七月には陸奥国（福島県、宮城県）から白い鷹が献上され、以降この鷹を鷹狩りに用いている姿が『信長公記』に記録されている。

解説 **ウサギを食べる**

江後迪子氏の『信長のおもてなし』によると、ウサギを食べる記録は応永十三年（一四〇六年）以降見られるが、食べ方が記されたものはほとんどない。

解説 なぜ桔梗を植えるのか

光秀の家紋（それぞれの家で定められている紋所）が「桔梗《ききょう》」だからである。

桔梗紋は光秀の家系、土岐氏に代々伝わる家紋だ。

ところで、光秀の家紋について「水色桔梗」と表現される場合があるが、この場合、家紋はその名の通り水色であったと認識されているようだ。しかし通常白黒であるはずの家紋に、この様な稀有な例外が生じてよいのだろうか。

「水色桔梗」という単語は『明智系図』に出ているのだが、それより以前の史料『太平記』に「土岐ノ桔梗一揆、水色ノ旗ヲ差上」とある。紋ではなく旗の色が水色だったのを、混合しているのではないかと思われる。

桔梗紋。

解説 パサパサで美味しい

弟による怒濤《どとう》の補足が入った。

「お姉さんの言う〝パサパサ〟は、凄く美味しいっていう意味だから。大丈夫。ちゃんと一般的にも美味しいからご心配なく！」

鹿肉の味について問われたので、パッサパサでめっちゃ美味しいよ！　と賛辞したところ、ユキちゃんはざわついた。

「おい！　パサパサは褒め言葉じゃないだろ！」

「とても褒めてるようには聞こえないけど、この人（姉）にとっては褒め言葉で、一般的にも美味しいから！」

「そうだよ～パッサリしてて、美味しいよね～」

「パッサリってなんだよ！　やだよそんなの！　他の肉がいい」

「アッサリみたいな感じ！　大丈夫！」

　弟にしては珍しい必死陳述ぶりだった。彼は鹿肉好きだから、絶対に食べたいのだろう。

　私も鹿肉は大好物だ。パッサリしてて。

▼出典1
『多聞院日記』天正九年（一五八一年）八月七日、近日中に光秀が奈良へ到来するという知らせがあったがすぐには来なかった。

　二十一日の同日記に書かれた内容にて、七日、八日頃に光秀の妻「ツマキ」（おそらく妻木氏のこと）が死去し、光秀が落胆していたことが判明する。

姉の感性はいつもどこかがおかしい。

▼出典2

『【図解】近畿の城郭Ⅰ』

須知城について書かれていたのは、堀口健弐が執筆した一頁のみ。

この一頁の中で二度も、史料が残らず不明であることが指摘されている。

▼出典3

『天王寺屋会記』天正六年（一五七八年）十月十五日。

播磨国（兵庫県）三木城の付け城にて。「白鳥いきたるをころし候て、汁ニせられ候、此鳥ハ播州之日池ヘヲリ候」（開催場所の近くの池にいた生きた白鳥をその場でシメて汁にして振る舞った）とある。

この白鳥は鷹狩りで穫ったものではなく、弓や鉄砲で仕留めたのだと思われる。

▼出典4

天正六年（一五七八年）正月十一日、光秀は信長から頂戴した茶器を用いて茶会を行った。

『天王寺屋会記』によると、その時振る舞われた料理の中に、信長が鷹狩りで取ってきた鶴を用いた汁料理が提供されている。

▼出典5

佐伯修『偽史と奇書の日本史』

▼アクセス　**浮御堂**

滋賀県大津市本堅田一

JR堅田駅からバス出町下車後、徒歩七分。
琵琶湖西縦貫道路真野ICから車で約一〇分。

近江八景「堅田の落雁」として有名な建物。平安時代に湖上安全と衆生済度《しゅじょうさいど》（仏教用語。この世に生きる全ての者を迷いから救い、悟りを得させること）を祈願して建立されたが、現在の建物は昭和に再建されたもの。

浮御堂。

▼アクセス　**平井山本陣跡**

兵庫県三木市平井

神戸電鉄恵比寿駅から徒歩約二五分。
山陽自動車道三木東ICから車で約一〇分。
駐車場あり。

羽柴秀吉が三木城攻めの際に本陣として築いた付城場所。現在は陣地跡のみ残っている。

▼アクセス **玉雲寺**

京都府船井郡京丹波町市森滝見九

ＪＲ嵯峨野線園部駅からバス琴滝道下車後徒歩約二〇分。

京都縦貫自動車道丹波ＩＣから車で約五分。

駐車場あり。

玉雲寺に問い合わせてみたが、やはり瓦は葺《ふ》き替えられていた。光秀の時代のものではなかったが、この寺の瓦のこしらえが立派であることに間違いはない。ぜひ鑑賞していただきたい。また、本編では十分に紹介しきれなかったが、景観も素晴らしい。寺の静かな佇まいが自然と見事に調和している。どの季節に訪ねても、趣のある深い景観を見せてくれることだろう。

▼アクセス **琴滝**

京都府船井郡京丹波町市森

ＪＲ嵯峨野線園部駅からバス琴滝道下車後徒歩約三〇分。

京都縦貫自動車道丹波ＩＣから車で約五分。

駐車場あり。

琴滝。

一枚岩を流れ落ちる水が十三弦の琴糸のように見えることが名の由来とされている。

失敗の多い人生

失敗の多い人生だよ・・・。
チャレンジ数も多いからね。

第11章

心の目でしかと見よ！ 光秀の城「坂本城」

ものがたり

あのお方にふなずし出したら「魚が臭い！」って怒られた史料見つけた。
ギッ
『川角太閤記』
え～、ふなずしは発酵食品なのに～？
はぁ。
さすが虚構《ものがたり》だね。

せっかく調べようと思ったのに……はなから嘘でしかないやん!!
うわー、すごい興味持ってたのにお姉さん残念ー……。
※『ふなずしの謎』

歴史小説を完全なるフィクションだと思っていない人は結構いる、と、思う。
……私もそうだったから。
歴史小説を読んで、歴史ドラマを見て、凄い人がいたもんだと感銘を受け、自身の人生訓ともしていたあの頃。
信じていた。
信長の正妻は、光秀と近しい間柄だったと（司馬遼太郎『国盗り物語』）。▼解説 **信長の正妻**
「お腹が空きました」との訴えに、「我慢《がまん》するのです」と返されるのがお約束だった、光秀の娘ガラシャの貧困時代を（一九九六年大河ドラマ『秀吉』）。▼解説 **光秀の娘ガラシャ**
魚が腐っとる！　と激怒する信長に震撼《しんかん》した人々がいたことを（堺屋太一『鬼と人と』）。▼解説 **腐った魚料理**
そういう話を、私は信じていたし、愛していた。
「うそうそ、やめて〜」

これ以上の精神的ダメージは御免被りたい。

「気に入ってるのに『唐崎の松』！　気に入ってるのに〜〜⁉」

自らの手にある史料に向かって、叫ぶ。叫ばずにはいられない。

「マジか……僕だって気に入ってた……」

振り向くと、弟がいる。彼の無表情の奥に憔悴《しょうすい》の色が見えた。私が口にした心の声が、同じ部屋で作業をしていた弟にも聞こえたらしい。

そうだったね、「唐崎の松」は、私たち姉弟のお気に入りのエピソードだった……。私はその愛すべきエピソードに今、自ら鉈《なた》を振るおうとしているよ。

枯れてしまった松を偲んだ光秀が植樹するエピソード、唐崎の松。植樹するにふさわしい松を、あろうことか敵の領土内に見つけてしまった光秀が、松を採取せんとして部下を突撃させたあのシーン（司馬遼太郎『国盗り物語』）。気に入っていたのに。

見事植樹を遂げた光秀は、実に立派な歌を詠う。

　我ならで誰かは植ゑむ一つ松
　こころして吹け志賀の浦風

私でなくて誰が、この素晴らしい松を植えるでしょうか（いや、私しかいない）。滋賀の地を通る風よ、よく心得て吹きなさい。

光秀にしては珍しい上から目線なこの歌。気に入っていたのに。

なのに光秀が、松を植えた記録がない！

肝心の記録がなくて、代わりに新庄直頼《なおより》という人物が植えたとされる記録がある！　うぐぐ〜っどういうことだこれは一体〜⁉

「新庄って誰さーーー‼」

史料を見ながら途方に暮れる私を目の当たりにした弟は、全てを察し落胆した。そうか、と。その話も、だめだったかと。

そして問う。

「お姉さん、僕たちはその話をどこで知った？」

「……うう、これも、小説だったね」

だってこれまで私たちは、小説やドラマを見て歴史を知っていたんだもの。みんなだってそうだろう。今は、ゲームやアニメという人もいるはずだ。現存する古文書や研究紀要、発掘調査報告書などというものは、いくら歴史に興味があったとしても、まずはじめに目を通すようなものではない。

それがこの度、自分たちの信じる本能寺の変を見つけようなんてことになって、そのために現地へ足を運んだりしているうちにその地にまつわる話の信憑性を確認するようになり……。より正確な情報を求めて調べまた調べ、疑問に突き当たっては調べ……そうする内に、ひとつ、またひとつと、馴染みのあったエピソードがフィクションだったと判明していく。――いくらこの世が嘘にまみれていようとも、やっぱりこれは、ちょっと切ない。

気付いたんだけど、と前置きをして弟が言った。

「小説は、フィクションなんだよ」

この期に及んではもう認めざるを得なかった。小説は、あくまでも小説。エンターテイメントなのだ。

「……わかったよ」

抵抗したって意味がない。価値観を変えなくては。私たちは本能寺の変を解明したいのだ。だから今は、信憑性が低いとわかった情報を、切って捨てなければならない。

拳を振り上げた。

「今まで信じていたことは、良き思い出とする！」

詠う詠う

滋賀県大津市唐崎の湖岸に、唐崎の松はある。▽アクセス 唐崎神社

唐崎神社、社伝にはこうある。

初代唐崎の松は天正九年（一五八一年）の強風によって倒れ、二代目となる松を、新庄直頼が天正十九年（一五九一年）に植えた。その松は大正十年（一九二一年）に枯死。現在の松は三代目である、と。

あまりにもあっさりと、唐崎の松は新庄さんが植樹したと明記してあるではないか。

我ならで誰かは植ゑむ一つ松
こころして吹け志賀の浦風

じゃあ、なんだったのだ、この歌は。

それに加えて、もう一つ言いたいことがある。

そもそも唐崎は、松を愛でるためだけの場所ではなかったんじゃないかな？　と。唐崎の松という単語があるがため、唐崎は松が有名なのだと思いこんでしまいがちだが、かつての歌人たちは、松というより「唐崎から望む志賀の景観」を詠って遺《のこ》しているように思う。

ささなみの志賀の辛崎（唐崎）幸《さき》くあれど
大宮人の船待ちかねつ

これは光秀がかつて、軍事行動中に思いがけなく訪れた「人丸塚」（**2章 人丸塚と知るまでは参照**）の御神体、柿本人麻呂が唐崎にて詠った歌である。

唐崎のさざ波は寄せては返すのに、大宮人（宮中に仕える人）は、いつまで経っても帰ってこない。

この歌に、松は出てこない。

『万葉集』より舎人吉年《とねりのきね》が詠った歌。

やすみしわご大王の大御船
待ちか恋ふらむ志賀の辛崎

拾遺集。

御禊《みそぎ》する今日唐崎に下ろす網は
神のうけ引しるしなりけり

新古今集。

夜もすがら浦ゆく船は跡もなし

月ぞのこれるしがのからさき

もちろん、なかには松に着目した歌もある。紀貫行の詠った次の歌。

唐崎の松は扇の要にて
漕ぎゆく船は墨絵なりけり

このように、松を詠った歌も含めて、皆それぞれの視点から唐崎の景観を詠っているのではないか。

あと、元も子もないようなことを言うようだけど——。

「小さい苗だったら、造作もなく植樹できるんじゃないの？」

「……あ」

唐崎関係の和歌をリサーチしていた弟が手を止めた。

「松ぼっくり埋めるとかさ」

「あー……」

長い目で見て、いつかシンボルツリーになればいいなって感覚であれば、五分もあれば植樹できる。

物語の影響で、なにかしら大がかりな植樹を想定してしまっていたが、些細なこと過ぎて記録にも残らなかった程度に、光秀が植樹していた可能性もあるにはある。手頃でかわいい松の苗を見繕ってきて、ポンと置く。完了。うん？

「我ならで　誰かは植ゑむ　一つ松～」

弟が歌を口ずさむ。

「あはっ、おーいそこそこ、大げさだから」

「こころして吹け滋賀の浦風～」

「ぶははっ！　やめたげて～!!」

さて。からかうのはこのぐらいにして、こんなことになった元凶を突き止めておきたい。
そもそも、この歌を紹介したのは『常山紀談』という信憑性の低い史料だ。▼解説『常山紀談』
この史料、光秀が唐崎に松を植えたエピソードとその時詠った根拠不明の歌を紹介しておきながら、その舌の根も乾かぬうちに「唐崎の松は光秀ではなく、新庄直頼が植えたものだろう」と書いており、史料の中ですでに情緒不安定である。
「しかもお姉さん、これ見て」

おのづから　千代も経《へ》ぬべし　辛崎の
まつにひかるる　みそぎなりせば

なんと、新庄までもが詠っていた。

「どうして歌を晒《さら》し合った……？」

そんなことをするからホラ、まつにひかるる新庄さんの歌までもが、なーんかこー、うさんくさーくなってしまうのだ。あーあ、よくない。よくないなぁ。

複雑な思いを胸に訪れた唐崎だった。なるほど「あれ」が、その松か。

しかし、史実がエラいわけでも、フィクションがイケナイわけでもない。フィクションを考慮しちゃいけないのは本能寺の変解明という私たちが直面している特殊な事情のためであって、本能寺という目的がなければ、面白ければそれでいいと個人的にはそう思っている。それに、「フィクションが生まれた地」として興味深く観察することで、見えてくる史実があったりするものだ。

「お姉さん、なにか気付いたことはある？」

唐崎の光景を見渡しながら弟が問いかけた。ああ、これは間違いない。

「景色が超キレイ」

風光明媚《ふうこうめいび》とはこのことだと、感受性の低い私でもそう思った。

唐崎の松。

唐崎。

光秀だったらその比ではないぐらい、そう思っていそうな気がした。

モミジよりも本能寺

景色といえば、光秀の本拠地、坂本の町並は実に素晴らしいものだ。

そこらじゅうにハイクオリティーな「穴太積《あのう》み」の石垣がある。

それもそのはず、穴太積みを手がける石工集団「穴太衆」は、ここ坂本を本拠地としているのだ。

穴太衆が積んだ石積みを穴太積みと呼ぶほどに、それはそれは見事に石を積む人たちが暮らす町。ここ坂本は、石垣のメッカだ。まるで夢のような場所である。

坂本の石積み。

うわ〜……イイなぁ……。

「お姉さん」

あれもイイ。

「お姉さんちょっと、危ないから」

弟が、ちょこちょこ私を律してくる。……なにココ。どうすればいいの？

もう……!! 盛大なため息を吐かれたが、どう思われようと構わない。

最終的には危機管理を弟に一任し、ガッツリ石を見て歩いた。ただし、このワザは優秀な弟がいる人でないと使えない。弟がいない人は、坂本の輝かしい石積みの誘惑に目を奪われていたせいで事故を起こさぬよう、安全第一で歩くべし。▼解説 優秀な弟

姉のおもりに懲《こ》りた弟は、以後、タクシーをひろうという技を身につけた。
だからその日も私たちは、タクシーで「西教寺《さいきょうじ》」へと向かっていたのだ。公開された「坂本城の陣《じん》鐘《がね》」を見るために、である。光秀に関するものであるならば、もうどんなものでも見ておきたかった……それが本能寺の変を調べる姉弟の、真摯《しんし》な姿勢、態度というもの。▼アクセス 西教寺
そう心に留め置きつつ、乗り込んだタクシーの車窓から流れゆく石の有様に思う存分見とれていたとき、運転士さんが唐突に、破壊的なことをつぶやき放った。
「このところ坂本に、人がいっぱい来ています」

「！」

私たちは驚いた。

「そ、そうなんですか？」

冷静を装い、かろうじてそう言ったが、心中すさまじい衝撃が駆けめぐっていた。

（なぜっ人がっ⁉）

（わ、わからない。陣鐘が公開されたから？？）

（陣鐘なんて誰がわざわざ見に来るよ！）

（僕らが来てるじゃないか！）

（私らみたいのがいっぱいいる世の中なんて、気味が悪いわ‼）

私たちは心で直接会話した。口に出すと、方々に失礼な内容であるかもしれないからだ。

（ひ、人が集まっているというのは一体全体どうしたことか⁉ 私は団体行動ができんのだぞ！）

（お姉さん、偉そうに言うことじゃない……）

（ひょっとして何か、ミーちゃん関係の特別番組でも放送された？）

（さぁ……僕はそれを、チェックできてない）

（ミーちゃんの史跡は人気がなくて、さみしくて、ゆっくり鑑賞できるものだったじゃないか〜‼）

今、私は光秀に対しても、そこそこ失礼な奴だったかもしれない。だがこれはあくまでも心の声！

ないものとしていただきたい。

「な、なぜ……人が集まっているのです？」

聞いた。運転士さんに。真実を知るのは怖いが、聞いておかねばならない。

「なにかあったのですか？」

弟も固唾《かたず》を飲み、運転士さんの返答に耳を澄ましている。

「ああ〜、ほらぁ紅葉《こうよう》が綺麗でしょう。見頃ですよ。でも今年はちょっとまだ青いかな〜」

！

「ああ、ああ〜！　ああ〜はいはい、あ、ソレね!!」

私たちの声が、なぜか揃《そろ》った。

西教寺。

「易経《えききょう》かな」

西教寺を鑑賞しながら、公開された坂本城の陣鐘について、私たちは語っていた。易経というのは古代中国発祥の、占いの理論を記した書物のこと。

「突然何の話？」

「さっき見た陣鐘にあった、六十四個の突起から連想するもの〜」

易経では自然界の要素を八種類（天、沢、火、雷、風、水、山、地）に分類していて、それを二乗した（八×八）六十四通りの組み合わせをもとに占いをする。易占いで使用する六十四卦《ろくじゅうしか》が、陣鐘の突起の数と一致するなと思ったのだ。

「あー、普通の梵鐘《ぼんしょう》は突起がだいたい百八個で、煩悩《ぼんのう》の数を表してるってガイドさんが言ってたね」

「うん。陣鐘だったら戦を想定したものだから、占いと関連してる可能性が高いかもって思ってさ」

当時の占いは軍事と密接に関わっていて、得られた神託を用兵に活かしていた▽出典1。戦に使う道具に吉祥《きっしょう》を施《ほどこ》したり、縁起を担ぐのなんてあたりまえ。

命のやりとりをするのだから、誰だって神仏の加護を受けたい――▽出典2。

分野の違う知識が、便宜上分類された学問の領域を越え相互理解を深めることは多々ある。占いは当時の生活に溶け込んでいるし、弟が理系であったおかげで、文献に記されている人々の移動距離や速度の換算、面積当たりの収容人数を割り出してもらえたりして文献理解を深めることができていた。何を

陣鐘。

するにも、自分と異なる専門性を持った人との交流は貴重で、とても刺激的だ。

「そういえばお姉さん、紅葉《こうよう》って見た？」

帰り際、弟がカエデ科の落葉樹についてのシンプルな指摘をしてきた。あ？　あー……。

「コウ……ヨウ？」

その言葉を己の口から発音したのも何年かぶりだった。

しかし、そうか。あんな目立つ赤い木すら目に入らなかったのか。まだ坂本にいるし、いい感じに色づいた赤い落葉樹を探す時間はあるにはあるのだが……。

「ダメだーッ！　今はとてもそんな気分じゃない！　そんな気分に、今はどうしたってならないッ!!　ちっくしょーッ!!」

「いや……別にどうしても見なきゃいけないわけでは……」

言いかけた弟の言葉を遮るように、わき上がる情熱が口をついた。

「それより私は！　調査を進めたい!!　本能寺の変があるから、早く帰りたい！！！」

私にとって本能寺の変は、家で待ってる嫁さんか、白いご飯みたいな存在になっていた。

はいはいそうしましょう、と、さっさと弟が従う。

「しかし憧れはあるんだ！」

なにが、という弟の言葉を待たず続ける。

「本能寺の変が終わったら、コウヨウをゆっくり楽しみたい！　そんな贅沢な時間を是非とも作ってみたい!!」

「漫画とかだったら、そういうの死亡フラグって言うんだよ」

ブラックジョークを言いながら、わかったそうしようとこれについてもあっさり弟が従った。

「その前に一点確認したいんだけど、コウヨウとはモミジのことだろうか？」

「あ、死なないわこの人」

誰もいない城址《しろあと》で

人気《ひとけ》がなく、さみしい史跡だった。

坂本城址は。

▽アクセス 坂本城

「すごい人なのにね、ミーちゃん」

光秀の史跡に到着し、誰も観光客がいないことを目の当たりにした私たちの、お約束の第一声だ。草もボーボーである。

坂本城址。

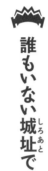

草は茂れど観光客には乏《とぼ》しいからか、現地の案内は手薄である。

当然自力で史跡らしき場所を探すのだが、そのほとんどが偶然の発見に近かった。

石が好きでつくづく良かった。墓石に使えそうなイイ石が置いてあるなと眺めていたら、なんと光秀のことが書いてある石碑だった。

あとはそう、噂によると、この辺りに光秀の像があるらしい。

「見つけよう！」

「よし」

少なくとも私たちが訪ねた当時、光秀関連の史跡は、観光案内に力が入っていなかった。

どこだ？

こういうとき私たちは、たぶんここではない、と思われる場所からあえて探し始める。調べるときは大外から。何度も言うがそれが私の調査哲学だ。近道をしよう、楽をしようとするならそれは、問題に対し手を抜いている証拠である。手を抜いて解決できる問題なんて、つまんないに違いない。

お、あれかな。

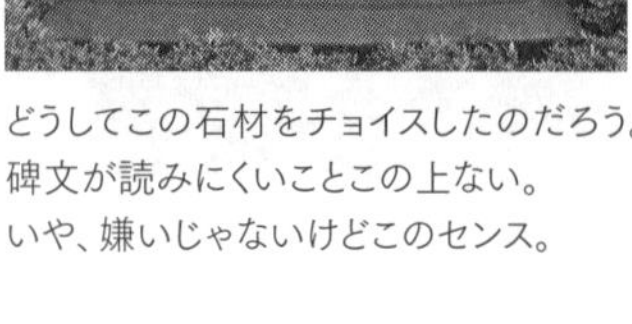

どうしてこの石材をチョイスしたのだろう。
碑文が読みにくいことこの上ない。
いや、嫌いじゃないけどこのセンス。

草の中の光秀。

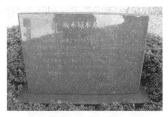

生い茂る雑草に囲まれて、発見された光秀像がコチラ(↓)であった。

この既視感《きしかん》はなんだろう。

弟も同じような感想を抱いているようだった。脳内にある記憶を辿《たど》る。

「はにわっぽいと思う」

弟がつぶやいた。

いったん湖に目を移そう。

琵琶湖には人が集い、城址《しろあと》などはどこ吹く風と、魚を捕ったりウォータースポーツに興じるなどして思い思いに過ごしている。

「……」

弟は、相変わらず寡黙であった。しゃべらない人と一緒にいるから、私はいつでも、思ったことを思った時にしゃべってよい。

「よくさ、ああいう像と一緒に写真を撮って、さっさと帰る

光秀像。

はにわ
はにわっぽいと思う……
はにわっぽい
はに◯っぽい

人っているじゃん？」

「……うん」

「何しに来たんだろう？」

「あの人たちは観光地を楽しむために来てるから。史料の真偽《しんぎ》を確かめようなんてお姉さんみたいな変な使命感、持って来てないから」

むむ。

「なるほど。そうであるなら、おかしな人は私らですな」

「そういうことになるね」

クスリと笑うつもりだったが、二人でひとしきり笑っていた。

本能寺の変を解明しようなんて、「変な使命感」が芽生えて本当によかった。文献と対峙する日々に苦労は絶えないが、面白いという感情の方が圧倒的に上回っていた。

愉快な気分になり、いま一度光秀像に向き直る。そうだ、弟と二人でこの難問に立ち向かっているというのも、面白さの秘訣だろうな。

「……うわっ！」

とたん、ひどく慌てて弟がたじろいだ。なんだどうした？

像と一緒に写真を撮る人（お市の方像と母）。

我ならで誰かは植ゑむ一つ松
こころして吹け滋賀の浦風

「う、うわぁーーーーーー！！！」

鬱蒼《うっそう》とした坂本城址に、姉弟の叫び声が響いた。


誤解だらけの光秀に、乾杯《かんぱい》。


光秀と、私たち。縁もゆかりもなく、そのうえ史学界ともなんの繋がりもないド素人。そんな私たちに、世紀の謀叛人、明智光秀という人の無実を証明するなんてことが、本当にできるのだろうか……？

ことの大きさと途方もなさを再認識し、私たちはまた笑った。

帰ろうか。本能寺の変が待っている。

▼解説 信長の正妻

濃姫、帰蝶など様々な呼び名で呼ばれているものの、『信長公記』には美濃国を治めていた斎藤道三の息女としか書かれておらず、名前は定かではない。

信長の正妻と光秀は従兄弟であったと言われているが、光秀自身の出生が定かではないため、確証はない。

▼解説 光秀の娘ガラシャ

堺屋太一氏の小説を原作とした大河ドラマ『秀吉』の中で、光秀は妻の「ひろ子」と娘の「たま」のみを連れて、仕官先を求めて放浪の旅をしていた。劇中の序盤で、明智一家は食うにも困る程困窮しており、腹を空かせたたまが「お腹が空きました」と訴えると、ひろ子がすかさず「我慢するのです」という合いの手を入れることが多かった。

ちなみに「たま」に該当する光秀の娘は三女といわれており（他の姉妹はその時どうしていたのか気になるところだが）、細川忠興《ただおき》（細川藤孝の息子）に嫁ぐ。後、キリスト教徒となり洗礼名「ガラシャ」が与えられ、こちらの名前がよく知られている。

ガラシャは永禄六年（一五六三年）に生まれたと考えられているが、近年発表された書状から、光秀は永禄九年（一五六六年）には既に幕府に仕えていたことがわかり（熊本県立美術館『細川ガラシャ』）、ガラシャが子供の頃光秀が放浪していた可能性は低くなった。一定の収入もあっただろう。

▼解説 腐った魚料理

天正十年（一五八二年）五月、信長は長年同盟関係にあった徳川家康を安土城に招待し饗応した。光秀も饗応役の一人に任命されている。

信憑性の低い史料『川角太閤記』によると、この時料理に出した魚が生臭いとの叱責を受け、嘆いた光秀が食器類を城の堀に投げ捨てたという逸話がある。

家康に出した饗応料理は、信頼できる史料『続群書類従』にその献立が残っている（江後迪子『信長のおもてなし』）。『川角太閤記』等の逸話を真に受けたとして、献立の中から臭い魚に該当する可能性が高い料理を探すと、滋賀県の特産品「ふなずし」ではないかと推察される。ふなずしは琵琶湖で採れたフナに飯を詰め込んで発酵させて作るため、独特の匂いを発するからだ。

しかし仮にふなずしを出して臭いとか腐っているなどと叱責されたとするなら、そもそも食品を腐らせて作る発酵食品に対し、かなり滑稽な叱責といえる。

▼解説 『常山紀談』

江戸時代中期に成立したとされる逸話集。戦国時代から江戸時代初期における名将の逸話をまとめた物とされ、史料としての信憑性は低い。

この『常山紀談』を参考にして、江戸末期に『名将言行録』という人物列伝も作成されたが、もちろん史料としての信憑性はさらに低い。

三歩下がったマネジメント

相《そう》互《ご》補《ほ》完《かん》

平安時代に京都の
鎮守神を祀るために
創建され、平安時代、
吉田神道を創設され
からは神道界に絶大
権威を得て興隆を極
シューちゃんの文章って
要点だけで
情緒がないよね～。
ガチャ
どうしたん？
すんません……
文章を、
直してください……
よよよ…
天正五年
8月17日
松永さん
無断で城抜け
9月22日
あのお方ご立腹。
2月9日
あのお方兵派遣。
10月10日
ミーちゃん片岡城落と
29日丹波攻め再開。
10日松永さん自爆。
（実際は
切腹）
なぜ、
こんなことに？
どうしても、数字が……
順番通りに並べられなくて
……。
あー…、そういう能力の
欠落があるんだ……。
――わかった。
年号の箇所は触らないでね。
スンマヘン

▼出典1
小和田哲男『呪術と占星の戦国史』

▼出典2
大阪城天守閣『戦国の世の祈り』

▼アクセス **唐崎神社**

滋賀県大津市唐崎一

ＪＲ湖西線唐崎駅下車、徒歩一五分。
名神高速道路、京都東ＩＣから約一五分。
駐車場あり。

近江八景「唐崎の夜雨」として有名な場所で、現在の「唐崎の松」は三代目といわれている。

▼アクセス **西教寺**

滋賀県大津市坂本五

ＪＲ湖西線比叡山坂本駅下車、徒歩三〇分。
湖西道路下坂本ＩＣから約一〇分。
駐車場あり。

元亀二年（一五七一年）の比叡山焼き討ちで焼失後、光秀により再興される。境内には坂本城の陣鐘の他にも、光秀一族の墓が残されている。

唐崎神社。

西教寺。

▼アクセス **坂本城**

滋賀県大津市下坂本三

ＪＲ湖西線比叡山坂本駅下車、徒歩三〇分。

名神高速道路、京都東ＩＣから約二〇分

駐車場あり。

水城として、琵琶湖の湖岸に光秀が築いたとされる城。

琵琶湖が渇水した際に偶然石垣跡が発見されたが、通常は見ることができない。

坂本城址。

坂本城から唐崎参詣《さんけい》

さー次は坂本城だ！
※大津市歴史博物館
はぐはぐ
昼ご飯いつ食べる？
せっせ
城を見てからにしよう。
よーし見よう!!
心の目で城を見る!!
ザザーン
坂本城見たねぇ。
うん。
唐崎まで歩く。
ナゼか温泉の割引チケットをもらったよ。
うーん不思議。
唐崎神社
足の関節部分がだる重く、痛うございます。弟は付け根が痛うございます。でもまた来とぅございます。何せ景色が美しぅございました。
じんじん
じんじん

追記・誰かいるかもしれない城址《しろあと》へ

令和二年（二〇二〇年）『麒麟が来る』。

ついに、光秀が大河ドラマの主人公となった。

それに伴い、観光客が来る！

そう明確に予測できた坂本では、坂本城址までの道路に、歩行者を安心させる誘導ラインを引いた。

恐れないで。この青いラインを辿《たど》って行けば坂本城址に着くんだよ。

そしてボーボーだった草を刈り、光秀像の周囲をアップグレードさせたのだ。

坂本城址二〇二〇。

そこにはなんと、そこかしこにベンチが設置されていて、まるで憩《いこ》いの広場である。

……っ、ついに、光秀ブームが来てしまうっ！

——そう思った。

コロナが来たなぁ……。

第一回新型コロナウイルス感染症緊急事態宣言が解除になった頃合いを見計らって、私たちはムーブメントを起こしているであろう坂本城趾へ、息せき切って駆けつけた。

たぶん、光秀はやってない。

そう信じる姉弟《きょうだい》として、「にぎわう光秀の史跡」という奇跡の光景を、目に焼き付けておかねばならないと……思ったからである。

そこには、

※(すごく拡大！)

※坂本城址！

おおっ、この自己主張控えめな看板はなんだ⁉

細っっっい！

誰も……

誰も、いなかった。

坂本城址。

ここぉ!?

ここはいつも通りの、――さみしい史跡だった。

坂本にて（弟撮影）。

終章

本能寺の変に捧げた日々

年越し本能寺

「パ〜〜フェクト!!」

推定していた理論が成立する証拠史料を見つけた私が歓喜の声をあげていると、後ろで年表を照合している弟が『IQ』（ソニー・コンピュータエンタテインメント、一九九七年発売）のBGMを口ずさむ。

お、わかってるねぇ〜。

「今の一言、『IQ』を意識してたのわかった？　というか、あはっ、だいぶ古いゲームなのによくわかったね！」

「……それだけ、お姉さんと同じことしてきたから」

『IQ』

結局、自分たちの信じる本能寺の変を見つけることができたのか？

一番大切なそれについては、実は——ちゃんと見つけたのです。

「まさかだけどね」と、弟も笑っていて。私だって笑ってしまった。今だってまだワクワクしている。

気付けば、この取り組みを始めて十四年になろうとしている。

光秀が信長と出会い活躍した、二人の過ごした時間と同じだけの時間を、私たちは本能寺の変に費やしたのだ。

朝廷の人々を全員ひっくるめて、古典的一人称「麻呂」をもじって「マロら」と呼んでいた、十四年前の私たち。

しかしマロらは一人として同じように考えず、同じ動きをしてはいない。

面倒くさいなとつぶやく私に、ため息まじりで弟が言った。

「まぁ……、この『マロら』を、僕らはなにも知らないからね。どういう人たちなのか」

「だってさ、本を読んでも『朝廷』ってひとくくりで書いてあるんだもん。誰が誰だかわかんないから、あの人たちは全員マロら……」

言いながら、わからないのではなく、わかろうとする努力を惜しんでいるだけだと気づいた。弟が、じっと私を見ている。

そうそう、本能寺の変を解きたいんだったね。

「マロら、なんて言ってちゃダメだ。ひとりひとり調べないと……」

弟は静かにうなづいた。これから途方もなく大変なことに取り組もうとしている私に、つきあってくれる気でいるらしい。

以降私たちは、「報《むく》われなくとも努力を惜しまない」という志を掲《かか》げた。

そして、歴史文献の海へダイブしたのだ。


青春を本能寺の変に捧げた。プライベートの時間はそう、本能寺の変を調べる時間だ。ある年の瀬に本能寺の変を調べながら、例年通り本能寺の変を調べた一年を振り返りつつ弟と語り合った。

――「生き方」は調べ方に、「人間性」は参考文献に表れるよね――。

私たちはもう四六時中、文献の海を泳いでいた。

いつもいつでも歴史のことを考え、そして歴史のために働いた。いや、単なる歴史好きならまだわかる。けど正しくは「本能寺の変」のことを考え「本能寺の変」のために働いていたわけだから、もっとおかしい、と弟が改めた。占い師が、なにを目指して本能寺のために働いているんだ。自問自答して不安に駆られた夜がどれだけあったか……。

「僕だって一応技術者だからね。サラリーマンしながら本能寺の変もして、お姉さんの無茶ぶりにもつきあって」

「あっははは！　ホントありがとう」

そうやって私たちは心に葛藤《かっとう》を抱え、なにかしら犠牲を払いながら、納得のいく答えを見つけた。

ねぇ、シューちゃん。

「そうだね。だからそれを世に問いたいという……また、無謀なことを」

「う、やっぱりそう思う？」

「……でも、もうここまで来てしまったから」

「来てしまったから！」

「できあがったものがこちらになります」

『大切《だいぎ》り本能寺の変』。超絶まじめに仕上がっております。

本能寺姉弟
三寺絵梨子
池田修平
大切《だいぎ》り本能寺の変
Parade Books

ネタバレ？　憶測？　～本編予告っぽい漫画～

色々考えた結果
私が思うに……
蜂屋頼隆《はちやよりたか》が
あやしい？
そう。
…あまり
思い入れが
ないな。
こないだ雑誌で
彼の似顔絵見てね、
こんな感じの
奴だったよ。
よっ
確か
この雑誌に
電気ストーブを
机にしないで
くれる？
コーヒーが
気になる…
あった!!
おおおおお
！
近い！
要点は
おさえている!!
あはははは
そこそこ似てた！
あ～ははははっ
まあまあ似てた!!
あははははっ

※『天下布武織田信長』

改めまして、私たち！「本能寺の変」を好き好んで調べている本能寺姉弟!!

……。

なぜそんなコトをしているか!?

それは、本能寺の変が変だから!!

……。

よっし、言ってやったぜ。

変が変
あはっ
そもそもコレは、この人の突然の思いつきで始めたことだったけど――、いつしか僕らは本能寺を調べないではいられないほどこの政変にのめり込んでしまっていた……。

そして私たち！本能寺の変を解いたんです!!

これで終わるといいけど。――次は何をやらされるやら……。

ありがとうございました！

諸説一覧

1 『"Trust In History9 戦術～名将たちの戦場～"』中津融司著、説「自己防衛説」。
2 『相棒8』戸田山雅司脚本、説「その他・茶器強奪目的」。
3 『明智軍記』作者不明、説「怨恨説」。
4 『明智光秀』高柳光寿著、説「野望説」。
5 『明智光秀』桑田忠親著、説「怨恨説」。
6 『明智光秀』徳永真一郎著、説「誅殺説」。
7 『明智光秀』榊山潤著、説「怨恨説」。
8 『明智光秀　史料で読む戦国史』藤田達生、福島克彦編、説「足利義昭黒幕説」。
9 『明智光秀　物語と史蹟をたずねて』早乙女貢著、説「野望説」。
10 『明智光秀～神に愛されなかった男～』十川誠志脚本、説「その他・自己犠牲」。
11 『明智光秀と旅』信原克哉著、説「誅殺説」。
12 『明智光秀と丹波・亀岡（開館5周年記念特別展）』黒川孝宏著、説「朝廷黒幕説」。
13 『明智光秀ゆかりの地を訪ねて』塩見弥一著、説「怨恨説」。
14 『明智物語　内閣文庫蔵本』関西大学中世文学研究会編、説「怨恨説＋野望説」。
15 『浅き夢見し　明智光秀物語』髙橋和男著、説「誅殺説＋怨恨説」。
16 『足利将軍家』山中正英著、説「誅殺説」。
17 『足利義昭』奥野高広著、説「その他・自滅」。
18 『異説本能寺　信長殺すべし』岩崎正吾著、説「徳川家康黒幕説」。
19 『陰徳太平記』香川正矩著、説「怨恨説」。
20 『絵本太閤記』武内確斎、岡田玉山著、説「怨恨説」。
21 『織田信長　総合辞典』岡田正人著、説「突発説」。
22 『織田信長101の常識』奈良本辰也著、説「怨恨説＋野望説」。
23 『織田信長合戦全録　桶狭間から本能寺まで』谷口克広著、説「動機不明」。
24 『織田信長常識のウソ』和田惟一郎著、説「突発説」。

25 『鬼と人と』堺屋太一著、説「突発説」。
26 『学校では教えない日本史』片桐松樹著、説「朝廷黒幕説」。
27 『兼見卿記』吉田兼見著、説「動機不明」。
28 『川角太閤記』川角三郎右衛門著、説「怨恨説」。
29 『桔梗の花さく城』斎藤秀夫著、説「誅殺説」。
30 『偽史と奇書の日本史』佐伯修著、説「野望説」。
31 『郷土史辞典　岐阜県』船戸政一編、説「野望説」。
32 『麒麟がくる』池端俊策、前川洋一、岩本真耶、河本瑞貴脚本、説「誅殺説」。
33 『国盗り物語』司馬遼太郎著、説「自己防衛説」。
34 『決戦III』(株)コーエーテクモゲームス、説「野望説」。
35 『下天は夢か』津本陽著、説「朝廷黒幕説＋自己防衛説」。
36 『江～姫たちの戦国～』田淵久美子脚本、説「怨恨説」。
37 『考証　織田信長辞典』西ヶ谷恭弘、説「突発説」。
38 『言経卿記』山科言経著、説「斎藤利三黒幕説」。
39 『斎藤道三』桑田忠親著、説「怨恨説」。
40 『知っておきたい幸せになれるこよみの活用術―暦はこうみる』井上象英著、説「その他・禁忌を破った」。
41 『忍びの人　滝川一益』徳永真一郎著、説「怨恨説」。
42 『週刊名城をゆく　39 福知山城・田辺城』井沢元彦著、説「突発説」。
43 『週刊真説歴史の道7　明智光秀　敵は本能寺にあり』岡本八重子編、説「その他・長宗我部元親に起因」。
44 『集中講義　織田信長』小和田哲男著、説「誅殺説」。
45 『聚楽物語』作者不明、説「突発説」。
46 『承久記、後期軍記の世界』長谷川端編、説「自己防衛説」。
47 『詳説日本史』石井進、五味文彦、笹山晴生、高埜利彦編、説「動機不明」。
48 『戦国10大合戦の謎』小和田哲男著、説「自己防衛説」。
49 『戦国ＢＡＳＡＲＡ』(株)カプコン、説「動機不明」。
50 『戦国期畿内の政治社会構造』小山靖憲、説「足利義昭＋斎藤利三黒幕説」。
51 『戦国参謀その戦略眼』佐々克明著、説「野望説」。

52 『戦国無双2』(株)コーエーテクモゲームス、説「誅殺説＋野望説＋羽柴秀吉黒幕説」。
53 『幽鬼』井上清著、説「その他・過労のため」。
54 『全宗』火坂雅志著、説「近衛前久黒幕説」。
55 『その時歴史が動いた風雲戦国編「本能寺の変　信長暗殺！闇に消えた真犯人」』桐野作人著、説「突発説」。
56 『祖父物語』柿屋喜左衛門、説「怨恨説」。
57 『太閤記』小瀬甫庵著、説「怨恨説」。
58 『「太閤記」とその周辺』阿部一彦著、説「怨恨説＋野望説」。
59 『竹中半兵衛』池内昭一著、説「怨恨説」。
60 『多聞院日記』多聞院英俊著、説「動機不明」。
61 『だれが信長を殺したのか　本能寺の変、新たな視点』桐野作人著、説「突発説」。
62 『地の日、天の海』内田康夫著、説「怨恨説」。
63 『常山紀談』湯浅常山著、説「怨恨説」。
64 『天眼　光秀風水綺譚』戸矢学著、説「野望説」。
65 『天王寺屋会記』津田宗及著、説「動機不明」。
66 『等伯』安部龍太郎著、説「近衛前久黒幕説」。
67 『利家とまつ』竹山洋著、説「怨恨説」。

---

68 『日本史』ルイス・フロイス著、説「怨恨説＋野望説」。
69 『日本歴史シリーズ10安土・桃山』鈴木勤著、説「突発説」。
70 『信長』百瀬明治著、説「朝廷＋足利義昭黒幕説＋怨恨説」。
71 『信長公記』太田牛一著、説「野望説」。
72 『信長公記を読む』堀新著、説「その他・長宗我部元親に起因」。
73 『信長殺し、光秀ではない』八切止夫著、説「徳川家康＋斎藤利三黒幕説」。
74 『信長殺しは、秀吉か』八切止夫著、説「徳川家康黒幕説」。
75 『信長と消えた家臣たち』谷口克広著、説「動機不明」。
76 『信長と十字架』立花京子著、説「イエズス会黒幕説」。
77 『信長のおもてなし　中世食べもの百科』江後迪子著、説「怨恨説」。
78 『信長の戦争『信長公記』に見る戦国軍事学』藤本正行著、説「自己防衛説」。

79『信長の棺、秀吉の枷、明智左馬助の恋』加藤廣著、説「朝廷＋羽柴秀吉黒幕説」。

80『信長は謀略で殺されたのか』鈴木眞哉、藤本正行著、説「動機不明」。

81『信長は本当に天才だったのか』工藤健策著、説「誅殺説＋野望説」。

82『信長謀殺光秀ではない』井上慶雪著、説「黒田孝高黒幕説」。

83『秀吉』堺屋太一著、説「怨恨説」。

84『秀吉側近99の謎』楠木誠一郎著、説「動機不明」。

85『武家の家紋と旗印』高橋賢一著、説「野望説＋怨恨説＋突発説」。

86『武家事紀』山鹿素行著、説「怨恨説」。

87『別冊歴史読本入門シリーズ　戦国合戦「古記録・古文書」総覧』谷口克広著、説「動機不明」。

88『細川ガラシャのすべて』上総英郎著、説「自己防衛説」。

89『「本能寺」の真相』姉小路裕著、説「朝廷黒幕説」。

90『本能寺の変』高柳光寿著、説「野望説」。

91『「本能寺の変」本当の謎』円堂晃著、説「自己防衛説」。


92『室町殿物語』楢村長教著、説「怨恨説」。

93『闇の本能寺　信長殺し光秀にあらず』中津文彦著、説「里村紹巴＋千利休黒幕説」。

94『甦る戦国城下町　一乗谷朝倉氏遺跡』天野幸弘著、説「その他」。

95『老人雑話』江村専斎著、説「野望説」。

96『和歌連歌俳諧の研究』福井久蔵著、説「野望説」。

97『週刊　新説戦乱の日本史15　新説本能寺の変なぜ光秀は信長を討ったのか』井沢元彦著、説「突発説」。

98『週刊歴史のミステリー　1号　本能寺の変の首謀者は誰だったのか?』説「朝廷黒幕説」。

99『新・歴史群像シリーズ⑪　信長と織田軍団―戦国を席捲した天下布武の陣容』和田裕弘著、説「斎藤利三黒幕説」。

100『謎ロマンミステリーシリーズ　歴史ミステリー劇薬の日本史』説「千利休黒幕説」。


以上。

これまでの研究に、心より敬意を表します。

◆ 著者プロフィール ◆

本能寺姉弟（姉）

「占う力が常軌を逸している！」でおなじみ、占い師の「じぇふ」として活動する、奇妙に明るい自由人。

タロットカードや歴史史料は読めるのに、空気が読めない。天体配置図は作成できるのに、数を順番通りに並べられない。社交的なのに団体行動が苦手などなど……私生活も普通に奇人。

絵と占いの店「絵占《かいせん》」主催。

サイト：https://oshineko12.wixsite.com/kaisen

本能寺姉弟（弟）

一九八五年生まれ。神戸大学大学院卒。日本のお湯を支える機械メーカー勤務。技術者。

よく「旦那さんですか？」と聞かれ、「弟です」と答えているのに「お兄さん」と認識される老け……落ち着いた雰囲気の人。

姉の話を聞くのが上手い、という能力のおかげで振り回され、えらい目に遭う。記憶力が良く文章の要約が得意。隠居して、心穏やかに生きるのが夢。

Twitter：https://twitter.com/honnojibrothers

たぶん、光秀はやってないのだ放浪記
大切り本能寺の変へ続く道

2021年6月2日　第1刷発行

著　者　本能寺《ほんのうじ》姉弟《きょうだい》

発行者　太田宏司郎
発行所　株式会社パレード
　　大阪本社　〒530-0043　大阪府大阪市北区天満2-7-12
　　　　　　　TEL 06-6351-0740　FAX 06-6356-8129
　　東京支社　〒151-0051　東京都渋谷区千駄ヶ谷2-10-7
　　　　　　　TEL 03-5413-3285　FAX 03-5413-3286
　　https://books.parade.co.jp
発売元　株式会社星雲社（共同出版社・流通責任出版社）
　　　　　　　〒112-0005　東京都文京区水道1-3-30
　　　　　　　TEL 03-3868-3275　FAX 03-3868-6588
装　幀　藤山めぐみ（PARADE Inc.）
印刷所　中央精版印刷株式会社

ISBN 978-4-434-29025-1　C0021